Erfolgreich gegen Zwangsstörungen

Steffen Moritz
Marit Hauschildt

Erfolgreich gegen Zwangsstörungen

Metakognitives Training – Denkfallen erkennen und entschärfen

3., aktualisierte und erweiterte Auflage

Mit 156 Abbildungen und 19 Tabellen

Steffen Moritz
Universitätsklinikum Hamburg-Eppendorf
Hamburg, Deutschland

Marit Hauschildt
Universitätsklinikum Hamburg-Eppendorf
Hamburg, Deutschland

Ergänzendes Material finden Sie unter http://extras.springer.com

ISBN 978-3-662-48751-8   978-3-662-48752-5 (eBook)
DOI 10.1007/978-3-662-48752-5

Die Deutsche Nationalbibliothek verzeichnet diese Publikation in der Deutschen Nationalbibliografie; detaillierte bibliografische Daten sind im Internet über http://dnb.d-nb.de abrufbar.

Springer
© Springer-Verlag Berlin Heidelberg 2010, 2011, 2016
Das Werk einschließlich aller seiner Teile ist urheberrechtlich geschützt. Jede Verwertung, die nicht ausdrücklich vom Urheberrechtsgesetz zugelassen ist, bedarf der vorherigen Zustimmung des Verlags. Das gilt insbesondere für Vervielfältigungen, Bearbeitungen, Übersetzungen, Mikroverfilmungen und die Einspeicherung und Verarbeitung in elektronischen Systemen.
Die Wiedergabe von Gebrauchsnamen, Handelsnamen, Warenbezeichnungen usw. in diesem Werk berechtigt auch ohne besondere Kennzeichnung nicht zu der Annahme, dass solche Namen im Sinne der Warenzeichen- und Markenschutz-Gesetzgebung als frei zu betrachten wären und daher von jedermann benutzt werden dürften.
Der Verlag, die Autoren und die Herausgeber gehen davon aus, dass die Angaben und Informationen in diesem Werk zum Zeitpunkt der Veröffentlichung vollständig und korrekt sind. Weder der Verlag, noch die Autoren oder die Herausgeber übernehmen, ausdrücklich oder implizit, Gewähr für den Inhalt des Werkes, etwaige Fehler oder Äußerungen.

Umschlaggestaltung: deblik Berlin
Fotonachweis Umschlag: © GAP artwork
Die meisten verwendeten Fotos wurden unter der Creative-Commons-Lizenz verwendet. Wir danken allen Künstlern/Fotografen, dass wir ihre Werke nutzen dürfen. Weitere lizenzrechtliche Informationen erhalten Sie über http://extras.springer.com/. (Most visual material is licensed via creative commons. We are grateful to all artists/photographers for using their work. Further information pertaining to licenses can be obtained at http://extras.springer.com/).

Gedruckt auf säurefreiem und chlorfrei gebleichtem Papier

Springer ist Teil von Springer Nature
Die eingetragene Gesellschaft ist Springer-Verlag GmbH Berlin Heidelberg

Geleitwort zur 3. Auflage

Fast fünf Jahre nach Erscheinen der Erstausgabe ist das Selbsthilfebuch zum metakognitiven Training bei Zwangsstörungen von Steffen Moritz und Marit Hauschildt aktueller denn je, enthielt es doch mit seiner Ersterscheinung im Jahr 2010 schon Interventionen, die – in den nachfolgenden Jahren zunehmend populär und in ihrer Wirksamkeit unumstritten – Einfluss auf moderne verhaltenstherapeutische Konzepte genommen haben.

So haben in den letzten Jahren achtsamkeitsbasierte Verfahren und Konzepte, die auf Akzeptanz- und Commitment-Strategien abzielen, vermehrt an Bedeutung für die kognitive Verhaltenstherapie gewonnen.

Viele dieser Ansätze haben Moritz et al. schon in ihren ersten Studien 2009/2010 zur Grundlage ihrer Untersuchungen gemacht und 2010 als Instruktionen für dieses – hier nun schon in der dritten und erweiterten Auflage – vorliegende Selbsthilfebuch umgesetzt.

Die Autoren fokussieren damit schon seit Jahren mit den hier vorgestellten Interventionen auf die Erweiterung eingeengter Denkmuster durch die Wahrnehmung mit allen Sinnen im »Hier und Jetzt«. Ihre Instruktionen zielen weniger darauf ab, sich abzumühen, negative und angstauslösende Gedanken zu verändern, als vielmehr diese zu entpathologisieren und ihnen als das zu begegnen, was sie sind: Gedanken, nicht mehr und nicht weniger!

Untermauert durch Übungen und Verhaltensexperimente leiten Moritz und Hauschild mit ihrem Selbsthilfemanual darin an, zu erkennen, dass der Unterschied zwischen zwangserkrankten und gesunden Menschen nicht darin besteht, aggressive oder katastrophisierende Gedanken zu entwickeln, sondern lediglich darin, welche Bedeutung man ihnen beimisst. Sie ermöglichen durch Vorstellungsübungen die Erfahrung, dass Gedanken per se keine Macht und Vorhersagefähigkeit besitzen. Zahlreiche Instruktionen in diesem Buch geben Betroffenen Hilfestellungen, Abstand zu diesen Zwangsgedanken und -befürchtungen zu gewinnen, ohne sie zu bekämpfen und zu unterdrücken, was erfahrungsgemäß zur gegenteiligen Wirkung führt.

Obwohl sich dieses Selbsthilfebuch zu allererst den Metakognitionen widmet, verliert es dennoch nicht die emotionale und behaviorale Ebene einer Zwangsstörung aus dem Blickfeld und bietet auch hierfür Denkanstöße und Übungen an. Nicht zuletzt wendet sich das Training auch den für Zwangserkrankte typischen Schemata wie Aufopferung, Perfektionismus, emotionale Gehemmtheit und Unzulänglichkeit zu und rundet damit das Therapieprogramm mit der Bearbeitung zugrunde liegender und aufrechterhaltender Bedingungen ab.

Nachdem jahrzehntelang die Konfrontationstherapie auf dem Gebiet der Zwangsstörungen als einzig wirksame Methode galt und Patienten wie Therapeuten sich mit qualvollen Tonbandendlosschleifen bei aggressiven oder sexuellen Zwangsgedanken abmühten, hat seit 2010 der metakognitive Ansatz von Moritz et al. Einzug in die moderne Verhaltenstherapie gehalten und wird nicht nur nachweislich der Studienlage, sondern ebenfalls nach unserer klinischen Erfahrung mit großem Erfolg umgesetzt.

Interventionen wie Assoziationsspaltung und Gedanken-Labeling sind vielfach an die Stelle von Konfrontation und Habituation getreten und ergänzen Expositionsübungen dort, wo sie angebracht und weiterhin sinnvoll sind, wirkungsvoll.

Das metakognitive Training von Moritz und Hauschildt ist bei der Therapie von Zwangserkrankten auf unseren Spezialstationen seit Jahren nicht mehr wegzudenken und findet in abgewandelter Form nun auch seinen Einsatz in der Behandlung von Angststörungen.

Ich freue mich darauf, es weiter sowohl meinen psychologischen und ärztlichen Supervisanden als auch meinen Patienten, die unter Zwängen leiden, ans Herz oder in die Hand legen zu können.

Dipl.-Psych. Silka Hagena
(Leitende Psychologin der Klinik für affektive Erkrankungen und therapeutische Leitung der Spezialstationen Angst-, Zwangs- und Essstörungen der Asklepios Klinik Nord)

Geleitwort zur 2. Auflage

Wer unter einer Zwangserkrankung leidet, macht häufig die Erfahrung, dass es neben Zwangsgedanken und Zwangshandlungen auch typische Denkverzerrungen gibt, die den Zwang unterstützen. Die Gefährlichkeit vieler Dinge zu hoch einzuschätzen, keine Fehler machen zu dürfen oder viel zu schnell ein schlechtes Gewissen zu haben, sind nur einige Beispiele dafür. Diese Denkverzerrungen sind oft ziemlich hartnäckig und können den Kampf gegen den Zwang sehr erschweren.

Umso erfreulicher, dass jetzt ein Selbsthilfebuch vorliegt, das sich speziell mit diesen Denkfallen und deren Entschärfung beschäftigt. Die Autoren, Steffen Moritz und Marit Hauschildt, haben langjährige Erfahrungen auf dem Gebiet der Zwangserkrankungen, und ihr breites fachliches Wissen kommt diesem Buch zugute. Insgesamt stellen sie in ihrem Buch 14 Denkverzerrungen bzw. -fallen vor, die bei Zwangserkrankungen typisch sind. Zuerst werden diese anhand konkreter Alltagssituationen beschrieben und erklärt. Im Anschluss werden Übungen vorgeschlagen, die helfen können, diese Denkverzerrungen zu überprüfen und durch hilfreichere Sichtweisen zu ersetzen. Den Autoren ist es dabei gelungen, ein ernstes Thema gut verständlich und humorvoll darzustellen, sodass die Lektüre großen Spaß macht. Besonders schön sind auch die zahlreichen Abbildungen, die die Botschaften der Autoren sehr gut auf den Punkt bringen. Hervorzuheben ist außerdem, dass die Autoren sich die Mühe gemacht haben, ihr Training wissenschaftlich zu überprüfen. Eine im Jahr 2010 veröffentlichte Untersuchung bestätigt, dass die Mehrheit der Betroffenen von der Anwendung des Trainings profitiert.

Das Buch eignet sich für Betroffene, die im Selbststudium ihre Denkfallen erkennen und entschärfen wollen. Ebenso lässt es sich sehr gut als Vorbereitung oder begleitend zu einer Psychotherapie verwenden. Nützlich ist das Buch auch für Psychotherapeuten, die darin eine Fülle von Anregungen und Ideen finden, die sie in ihren Therapien einsetzen können. Dass das Buch nach so kurzer Zeit bereits in der zweiten Auflage erscheint, unterstreicht, wie gut es angenommen wird.

Priv.-Dozent Dr. Susanne Fricke
Hamburg

Geleitwort zur 1. Auflage

In Deutschland leiden nach neuesten Schätzungen ca. 2 Millionen Menschen an behandlungsbedürftigen Zwangsstörungen. Noch größer dürfte die Zahl derer sein, die zumindest vorübergehend von Zwängen belastet werden, ohne dass das Vollbild einer Zwangsstörung besteht. Schon seit Langem wird die Zwangsstörung als »heimliche Krankheit« bezeichnet, da nur wenige Betroffene sich mit ihren Symptomen und ihrem Leid anderen anvertrauen oder professionelle Hilfe suchen – oft aus Scham oder der unbegründeten Sorge, als schizophren oder gefährlich eingestuft zu werden. Weniger als jeder zweite Betroffene wendet sich an einen Psychologen oder Psychiater und im Durchschnitt vergehen 9 Jahre, bis die erste qualifizierte Therapie eingeleitet wird. Die sehr starke Verheimlichungstendenz von Zwängen war bereits Sigmund Freud aufgefallen, der in seiner Monografie *Der Mann Moses und die monotheistische Religion* ausführt: »Es leiden wesentlich mehr Menschen an Zwangsritualen, als es den Ärzten bekannt ist.«

Selbsthilfebücher wie das vorliegende Metakognitive Training bei Zwangsstörungen von Prof. Dr. Moritz sind wichtig, um jenen Betroffenen zu helfen, die (noch) keine Therapie in Anspruch nehmen, bzw. jenen, die auch nach einer Therapie belastende Symptome aufweisen.

Herr Moritz gehört mit über 50 Publikationen allein im Bereich der Zwangsstörung zu den weltweit produktivsten Forschern auf diesem Themengebiet. Es ist daher besonders erfreulich, dass er sich vom Elfenbeinturm der Grundlagenforschung, in dem so manche schöne Studie ungenutzt verhallt, aufgemacht hat, »graue Theorie« in konkrete Therapiemaßnahmen zu verwandeln. Mit dem Metakognitiven Training bei Zwangsstörungen ist ihm das in eindrucksvoller Weise gelungen: Die 14 Übungseinheiten beinhalten eine Vielzahl neuer Ansätze, die die Arbeitsgruppe um Herrn Moritz, aber auch andere Forschungsgruppen wissenschaftlich belegt haben. Auch so mancher alte und bewährte »Wein« (Konfrontationstherapie, Übungen zur Steigerung des Selbstwerts) wird – und das ist keinesfalls abfällig gemeint – in einem schicken neuen Schlauch präsentiert. Der Fokus liegt auf »Denkfallen«, also Verzerrungen in der Auswahl und Bewertung von Informationen, die am Zustandekommen der Erkrankung beteiligt sind. Entstanden ist ein schönes Buch, das zu lesen Freude macht, und es ist meines Wissens einzigartig, dass ein Selbsthilfebuch bereits bei seiner Veröffentlichung seine Wirksamkeit nachweisen kann: In einer Kontrollgruppenstudie, die in einer wissenschaftlichen Zeitschrift erschien, berichteten 60% der Versuchspersonen von einem Erfolg, und im Vorher-Nachher-Vergleich ergab sich ein statistisch bedeutsamer (d. h. nicht zufälliger) Effekt für die Reduktion der Zwangssymptomatik.

Das Buch ist sicherlich nicht nur für Betroffene geeignet. Es könnte auch für viele Psychiater und Psychotherapeuten, die Menschen mit Zwangsstörungen behandeln, nützlich sein. Studien unserer Freiburger Arbeitsgruppe konnten zeigen, dass wirksame Verfahren wie die kognitive Verhaltenstherapie mit Exposition (Konfrontationsbehandlung) in der Praxis oft gar nicht zur Anwendung kommen, wofür verschiedene Gründe eine Rolle spielen.

Nicht alle Patienten sind bereit, sich ihren Ängsten zu stellen, und viele Psychotherapeuten wagen sich auch nicht an die oft als eher schwierig angesehene Expositionstherapie bei Zwangskranken heran. Verfahren, wie die von Herrn Moritz in dem vorliegenden Buch beschriebenen, könnten so auch innerhalb einer Psychotherapie genutzt werden und den psychotherapeutischen Werkzeugkasten bereichern.

Es ist zu hoffen, dass der innovative Ansatz des Metakognitiven Trainings auch auf andere Störungen ausgeweitet wird.

Prof. Dr. med. Ulrich Voderholzer
(Ärztlicher Direktor der Medizinisch-Psychosomatischen Klinik Roseneck in Prien am Chiemsee)

Vorwort zur 3. Auflage

Liebe Leserin, lieber Leser,

herzlich willkommen zu unserem Selbsthilfe- und Therapiebegleitbuch, welches nunmehr in dritter Auflage erschienen ist. Die neue Ausgabe wurde um eine Reihe von Übungen und Arbeitsblättern (diese liegen ab sofort online und nicht mehr auf CD vor) erweitert. Einige der neuen Übungen sind der sogenannten Akzeptanz- und Commitment-Therapie (unter anderem Steven Hayes aus Nevada, USA) und »Positiven Psychologie« entlehnt, z. B. die Imagination gewünschter Zielzustände bei unklarer Ausgangssituation, eine Methode, die die Neigung vieler Betroffener zum Katastrophisieren abmildern hilft. Der Gesamtansatz unseres Trainings fußt weiterhin auf der sogenannten »Kognitiven Verhaltenstherapie«, versteht sich aber als schulenübergreifend. Wir haben neben unseren eigenen Übungen (unter anderem Assoziations- und Aufmerksamkeitsspaltung) als wirksam nachgewiesene Techniken neuer Therapierichtungen aufgenommen, die sich aus unserer Sicht sinnvoll ergänzen.

Besonders freut es uns, Ihnen zu berichten, dass eine abgeschlossene wissenschaftliche Studie, die die 1. Auflage des Manuals mit einer sogenannten Psychoedukationsmaßnahme verglich, eine Verbesserung der Gesamtsymptomatik nach vier Wochen für die Gruppe belegen konnte, die unser Buch erhielt. Nach sechs Monaten zeigte sich zudem eine Verbesserung für die im Buch behandelten kognitiven Verzerrungen. Insgesamt nahmen 128 Personen mit einer Zwangsstörung an der Studie teil. In einer laufenden Studie untersuchen wir nun, ob eine »maßgeschneiderte« Version des Selbsthilfebuchs, die ausschließlich auf individuell relevante kognitive Verzerrungen abzielt, der Gesamtversion ebenbürtig ist.

Am Ende noch eine Binsenweisheit: Es ist weder möglich noch sinnvoll, alle Übungen regelmäßig durchzuführen. Probieren Sie die dargestellten Übungen jeweils aus und integrieren Sie jene Übungen fest in Ihre Alltagsroutine, die sich für Sie als nützlich erwiesen haben. Überprüfen Sie nach einer gewissen Zeit erneut, ob vielleicht der richtige Moment für andere Übungen angebrochen ist.

Schreiben Sie uns gerne, wenn Sie Anregungen oder auch Kritik haben. Wie schon bei den früheren Auflagen fließt das Autorenhonorar voll in unsere Forschungsbemühungen, ohne jeglichen Selbstbehalt.

Steffen Moritz und Marit Hauschildt
Hamburg, im März 2016

Vorwort zur 2. Auflage

Liebe Leserin, lieber Leser,

vielen Dank für Ihr Interesse am Metakognitiven Training bei Zwangsstörungen. Wir freuen uns sehr, Ihnen unser Buch schon ein Jahr nach der Erstveröffentlichung 2010 in einer aktualisierten und erweiterten Auflage präsentieren zu können. Anmerkungen und Verbesserungsvorschläge unserer Leser haben wir hierfür dankbar aufgegriffen. Für die neue Auflage des Metakognitiven Trainings wurden eine Reihe bestehender Übungen optimiert sowie zusätzliche Übungen eingefügt (z. B. zur Stimmungsverbesserung oder zur Reduktion von magischem Denken). Anders als bei der ersten Auflage sind wir als Autoren jetzt zu zweit. Etliche neue Übungen wurden durch das »Metakognitive Training bei Depression« (D-MKT; Jelinek, Hauschildt u. Moritz 2010) inspiriert, welches die Zweitautorin mitentwickelte.

Der Fokus des Buches ist jedoch geblieben: Im Mittelpunkt steht weiterhin die Metakognition (= Denken über das Denken), also die Auseinandersetzung mit dem eigenen Denken und insbesondere mit solchen Denkstilen und -verzerrungen, die an der Entstehung oder Aufrechterhaltung des Zwangs beteiligt sind. Das Metakognitive Training soll helfen, »Denkfallen« zu erkennen, und liefert zahlreiche praktische Beispiele und Übungen, um diese zu »entschärfen« und so zu einem hilfreicheren Denken zu gelangen.

Wie schon in seiner ersten Auflage richtet sich das »Metakognitive Training bei Zwangsstörungen« zuallererst an Betroffene. Die Sammlung von Übungen gleicht einem Werkzeugkoffer, der (bis auf die Brechstange!) die wichtigsten Werkzeuge beinhaltet: Lesen Sie sich alles in Ruhe durch und probieren Sie aus, womit Sie Ihren Zwang zu fassen kriegen! Jene Werkzeuge, die Ihnen für Ihre Bedürfnisse nützlich erscheinen, können Sie dann zu Ihrem persönlichen Werkzeugkasten zusammenstellen, aus dem Sie nach Bedarf das passende Hilfsmittel gegen den Zwang auswählen können.

Viel Erfolg wünschen Ihnen
Steffen Moritz und Marit Hauschildt
Hamburg, im Sommer 2011

Vorwort zur 1. Auflage

Liebe Leserin, lieber Leser,

vielen Dank für Ihr Interesse am »Metakognitiven Training bei Zwangsstörungen«.

Wieso »metakognitiv« – gibt es denn kein einfacheres Wort?, werden Sie sich vielleicht gefragt haben und waren damit nicht allein. So hatte auch der Verlag Bedenken, dass ein Fremdwort Leser verschrecken könnte. Einige meiner Kollegen fanden den Begriff nicht völlig treffend, da auch Techniken anderer »Therapieschulen« in diesem Buch aufgegriffen werden. Eine Reihe von Gründen ließ mich aber am Begriff »Metakognition« (Denken über das Denken) festhalten. Das Buch regt eine Reflexion *über* das eigene *Denken* an: Wie funktioniert Denken, welche Denkinhalte sind normal und welche nicht, wie kann ich die Inhalte meines Denkens verändern und quälende Gedanken loswerden? Das alles sind metakognitive Fragen. Das Training beschäftigt sich mit spezifischen Denkfallen bei Zwang. Hintergrundinformationen, Beispiele und zahlreiche Übungen sollen helfen, diese Denkfallen zu erkennen und zu entschärfen.

Das Metakognitive Training bei Zwangsstörungen vereint Ansichten verschiedener Theoriegebäude. Neben metakognitiven und kognitiv-verhaltenstherapeutischen Ansätzen werden auch einige (psycho)analytische Annahmen berücksichtigt. Das Trennende dieser Theorien ist aus meiner Sicht in der Vergangenheit überbetont worden, zudem haben unterschiedliche Fachbegriffe und manchmal auch Eitelkeiten den Blick auf sinnvolle Verknüpfungen versperrt.

Eine frühere Version des Metakognitiven Trainings bei Zwangsstörungen wurde in einer wissenschaftlichen Studie an 86 Betroffenen auf seine Effektivität hin untersucht. Mehr als 60% der Studienteilnehmer gaben an, dass sich die Beschwerden nach Anwendung des Trainings reduziert hatten [z. B. Moritz S, Jelinek L, Hauschildt M, Naber D (2010) How to treat the untreated! Effectiveness of a self-help metacognitive training program (myMCT) for obsessive-compulsive disorder (OCD). *Dialogues in Clinical Neuroscience*]. Seither sind etliche Neuerungen und Übungen eingearbeitet worden, um den Wirkungsgrad weiter zu steigern.

Dieses Buch richtet sich hauptsächlich an Betroffene, ist aber auch als Materialsammlung und Unterstützung für Psychotherapeuten geeignet. Oberstes Ziel ist die Besserung der Beschwerden! Therapie sollte darüber hinaus aber auch etwas von (Selbst-)Entdeckung und Abenteuer haben. Daher hoffe ich, dass Ihnen die Lektüre Vergnügen bereitet und Sie sich besser kennen und (ein)schätzen lernen.

Das Autorenhonorar kommt zu 100 % unserer Forschung am Universitätsklinikum Hamburg-Eppendorf zu Gute.

Viel Erfolg wünscht Ihnen
Steffen Moritz
Hamburg, im Frühjahr 2010

Metakognition – die Betrachtung des eigenen Denkens[1]

Los geht's![2]

---

1 Jin: I framed myself https://www.flickr.com/photos/jinthai/3291818821/. Zugegriffen: 08.10.2015.
2 ideengruen: B Hauptbahnhof Ampelmann v2. http://www.flickr.com/photos/ideengruen/3315002634/. Zugegriffen: 08.10.2015.

Danksagung

Danke[1]

Danksagung zur 3. Auflage

Wir danken Fiona Brown, Mona Dietrichkeit, Birte Jessen, Lilian Krasberg, Sabrina Michalski und Alina Struve für die gründliche Durchsicht und Korrektur einer Vorversion der 3. Auflage. Außerdem danken wir Thies Lüdke für seine Hilfe bei der Formatierung der neuen Arbeitsmaterialien sowie Weronika Tokarska für die Anfertigung zusätzlicher Abbildungen. Abermals danken wir dem Team von Springer für die gute Zusammenarbeit, insbesondere Frau Scheddin (Planung), Frau Brecht (Projektmanagement) und Frau Karg. Ein ganz besonderes Dankeschön geht an Frau Stefanie Teichert für ihr umsichtiges Lektorat und vielfältige Verbesserungsvorschläge, die über eine Sprachkorrektur weit hinausgingen. Auch Herrn Grumbach von Fotosatz-Service Köhler GmbH möchten wir danken.

Danksagung zur 2. Auflage

Wir danken abermals Renate Schulz und Renate Scheddin vom Springer-Verlag für die exzellente Betreuung sowie Annette Allée für das umsichtige Lektorat. Unseren Kolleginnen und Diplomandinnen Ruth Veckenstedt, Chantal Friese, Johanna Schröder und Johanna Sundag danken wir für wertvolle Korrekturhinweise. Allen Lesern des Buches, die uns eine Rückmeldung gegeben haben, sei ebenfalls herzlich gedankt.

Danksagung zur 1. Auflage

Vielen Dank für die vielfältigen Anregungen an meine Kolleg(inn)en, Mitarbeiter(innen), Freundinnen und Freunde sowie Verwandten:

Stefany Carillo, Andrea Dunker, Jörg Dunker, Ann-Kathrin Ebner, Susanne Fricke, Thomas Hillebrand, Birgit Hottenrott, Torsten Imig, Lena Jelinek, Sina Klein, Anne Külz, Margrit Moritz, Edgar Preisser, Sarah Randjbar, Anne-Lena Sauerbier, Franziska Roggenbuck, Lisa Schilling, Johanna Sundag und Francesca Vitzthum.

Ein herzlicher Dank für wertvolles Feedback und Verbesserungsvorschläge gilt außerdem den nachfolgend genannten Personen:

Marita Jaquett, Daniela Kaufmann, Sabine Kaufmann, Anna Kalmbach, Sonja Meier und Gabi Raubart.

Dem Springer-Verlag, allen voran Renate Scheddin und Renate Schulz, sowie Annette Allée danke ich für die kreative Unterstützung bei der Erstellung des Buches und insbesondere für ihre Engelsgeduld.

Dieses Buch ist meinen (akademischen) Vätern gewidmet: Bernd Hampel, Karl Moritz, Reinhard Maß, Burghard Andresen, Michael Krausz, Bernd Dahme und Dieter Naber.

---

1 Dennis Skley: Danke 102/365. https://www.flickr.com/photos/dskley/13796815083/. Zugegriffen: 08.10.2015

Inhaltsverzeichnis

I   Theoretische Ausführungen

Metakognition und Zwang 3
Steffen Moritz, Marit Hauschildt

1.1	**Ziele des metakognitiven Trainings**	4
1.2	**Hinweise zur Arbeit mit dem metakognitiven Training**	4
1.3	**Theoretischer Hintergrund**	6
1.3.1	Was ist Zwang?	7
1.3.2	Was sind eigentlich Zwangsgedanken und Zwangshandlungen?	8
1.3.3	Häufige Folgen von Zwang: Vermeidung und Sicherheitsverhalten	9
1.3.4	Was die Dinge verschlimmert!	10
1.3.5	Zwang und zwanghafte Persönlichkeitsstörung	12
1.4	**Aufbau und Inhalt des metakognitiven Trainings**	13
1.4.1	Wo sind Ihre Probleme?	13
1.4.2	Übung: Noch einmal innehalten – Brief an den Zwang	13
1.4.3	Was ist Metakognition?	15
1.4.4	Denkverzerrungen	15
1.5	**Jetzt geht's endlich los!**	16
	Abbildungsnachweis	17
	Weiterführende Literatur	17

II   Häufige Denkverzerrungen bei Zwang

Denkverzerrung 1: Sind schlechte Gedanken anormal?
Verbreitung zwanghafter Befürchtungen 21
Steffen Moritz, Marit Hauschildt

2.1	**Einführung ins Thema**	23
2.1.1	Was ist normal?	23
2.1.2	Übergang von »normal« zu »zwanghaft«	29
2.1.3	Wieso redet kaum jemand darüber?	30
2.2	**Übungen**	32
2.2.1	Übung 1: Unmoral auch bei moralischen Vorbildern	32
2.2.2	Übung 2: Zwischenmenschliche Beziehungen	32
2.2.3	Übung 3: Milde walten lassen	35
2.2.4	Übung 4: Aggressionsbewältigung	38
2.2.5	Übung 5: Akzeptanz und Wertschätzung für sich selbst und andere	38
	Abbildungsnachweis	39
	Weiterführende Literatur	40

Denkverzerrung 2: Führen schlimme Gedanken zu schlimmen Taten?
Denken ≠ Handeln 41
Steffen Moritz, Marit Hauschildt

3.1	**Einführung ins Thema**	43
3.1.1	Wer Böses denkt, tut auch Böses?	43
3.2	**Übungen**	45
3.2.1	Übung 1: Können Gedanken Dinge bewegen?	45
3.2.2	Übung 2: Magisches Denken	46
3.2.3	Übung 3: Auf den Spuren Uri Gellers	48

3.2.4	Übung 4: Gedanken-Handlungs-Verschmelzung	49
	Abbildungsnachweis	50
	Weiterführende Literatur	50

Denkverzerrung 3: Müssen die Gedanken dem eigenen Willen gehorchen? Die Gedanken sind frei! ... 51
Steffen Moritz, Marit Hauschildt

4.1	Einführung ins Thema	53
4.1.1	Gedanken sind voll steuerbar – stimmt das?	53
4.1.2	Negative Gedanken sind wie »Vogelscheuchen im Wind«	54
4.2	Übungen	56
4.2.1	Übung 1: Der Vogelscheuche den Wind aus den ~~Segeln~~ Kleidern nehmen	56
4.2.2	Übung 2: Vorsicht – noch mehr Bilder!	56
4.2.3	Übung 3: Nehmen Sie Ihrem Denken gegenüber neue Positionen ein	58
4.2.4	Übung 4: Erfreuen Sie sich an Ihrem Denken	59
	Abbildungsnachweis	60
	Weiterführende Literatur	60

Denkverzerrung 4: Ist die Welt gefährlich? Katastrophisieren ... 61
Steffen Moritz, Marit Hauschildt

5.1	Einführung ins Thema	63
5.1.1	Gründe für Fehleinschätzungen	64
5.2	Übungen	65
5.2.1	Übung 1: Machen Sie sich schlau!	65
5.2.2	Übung 2: Wahrscheinlichkeitsketten berechnen	66
5.2.3	Übung 3: Aufmerksamkeitsspaltung	67
5.2.4	Übung 4: Korrigierende Erfahrungen machen – Konfrontationstherapie	69
	Abbildungsnachweis	75
	Weiterführende Literatur	75

Denkverzerrung 5: Müssen schlechte Gedanken unterdrückt werden? Gedankenkontrolle ... 77
Steffen Moritz, Marit Hauschildt

6.1	Einführung ins Thema	79
6.1.1	»So etwas darf man nicht denken?«	79
6.1.2	Gedankenunterdrückung klappt nicht!	80
6.1.3	Stattdessen: Inneren Abstand zur Befürchtung suchen…	81
6.2	Übungen	82
6.2.1	Übung 1: Gedankenunterdrückung klappt nicht	82
6.2.2	Übung 2: Alternativer Umgang mit negativen Gedanken	83
	Abbildungsnachweis	84
	Weiterführende Literatur	84

Denkverzerrung 6: Signalisieren Gefühle echte Gefahr? Zwang und Emotion ... 85
Steffen Moritz, Marit Hauschildt

7.1	Einführung ins Thema	87
7.1.1	Welche Gefühle gehen mit Zwangsgedanken einher?	87
7.1.2	Gefühle sind manchmal ein schlechter Ratgeber	88
7.2	Übungen	90
7.2.1	Übung 1: Emotion und soziale Bewertung	90
7.2.2	Übung 2: Einfluss äußerer Faktoren auf Denken und Fühlen	91
7.2.3	Übung 3: Aus der Mücke einen ~~Elefanten~~ Dinosaurier machen	93
7.2.4	Übung 4: Berg statt Blatt im Wind sein	94
	Abbildungsnachweis	95
	Weiterführende Literatur	95

Denkverzerrung 7: Vergiften die Zwänge die Gedanken? Das Netzwerk des Zwangs 97
Steffen Moritz, Marit Hauschildt

8.1	Einführung ins Thema	99
8.1.1	Assoziationsspaltung	99
8.1.2	Organisation des Gedächtnisses	100
8.1.3	Technik der Assoziationsspaltung	101
8.2	Übungen	102
8.2.1	Übung: Assoziationsspaltung in Aktion – Die Gedanken befreien	102
	Abbildungsnachweis	104
	Weiterführende Literatur	104

**Denkverzerrung 8: Bin ich für alles und jeden verantwortlich?
Übertriebenes Verantwortungsempfinden** 105
Steffen Moritz, Marit Hauschildt

9.1	Einführung ins Thema	107
9.2	Übungen	108
9.2.1	Übung 1: Nicht mit zweierlei Maß messen	108
9.2.2	Übung 2: Das Pferd von hinten aufzäumen	108
	Abbildungsnachweis	111
	Weiterführende Literatur	111

Denkverzerrung 9: Ist gut nicht gut genug? Perfektionismus 113
Steffen Moritz, Marit Hauschildt

10.1	Einführung ins Thema	115
10.1.1	Perfektion – ein überhöhter Anspruch	115
10.1.2	Perfektes Leben?	116
10.2	Übungen	118
10.2.1	Übung 1: Auf scheinbar perfekte Personen achten	118
10.2.2	Übung 2: Machen Sie bewusst Fehler	118
	Abbildungsnachweis	119
	Weiterführende Literatur	119

Denkverzerrung 10: Muss ich alles ganz genau wissen? Suche/Sucht nach Wahrheit 121
Steffen Moritz, Marit Hauschildt

11.1	Einführung ins Thema	123
11.2	Übungen	124
11.2.1	Übung 1: Ist absolute Wahrheit erreichbar – und überhaupt erstrebenswert?	124
11.2.2	Übung 2: Weniger ist mehr	125
	Abbildungsnachweis	126
	Weiterführende Literatur	126

Denkverzerrung 11: Hilft Grübeln, Probleme zu lösen? Gefangen in der Endlosschleife 127
Steffen Moritz, Marit Hauschildt

12.1	Einführung ins Thema	129
12.2	Übungen	130
12.2.1	Übung 1: Stopp-Signale setzen	130
12.2.2	Übung 2: Aufschub	131
	Abbildungsnachweis	132
	Weiterführende Literatur	132

Denkverzerrung 12: Ist Zwang eine Hirnstörung – kann man da nichts machen?
Zwang und Gehirn 133
Steffen Moritz, Marit Hauschildt

13.1   Einführung ins Thema 135
13.1.1   Genetik und Neuropsychologie 136
13.1.2   Irgendetwas hat jeder! Psychische Erkrankung: weder dramatisieren noch verklären 138
        Abbildungsnachweis 139
        Weiterführende Literatur 139

Denkverzerrung 13: Ich kann und bin nichts? Selbstzweifel und Depression 141
Steffen Moritz, Marit Hauschildt

14.1   Einführung ins Thema 143
14.2   Übungen 145
14.2.1   Übung 1: Übertriebene Verallgemeinerungen reduzieren 145
14.2.2   Übung 2: Vergegenwärtigen von Stärken 147
14.2.3   Übung 3: Sensorisches Zirkeltraining 148
14.2.4   Übung 4: Umgang mit Lob und Kritik 150
14.2.5   Übung 5: Den Augenblick festhalten 150
14.2.6   Übung 6: Dankbar sein 151
14.2.7   Übung 7: Das Sein bestimmt das Bewusstsein 152
14.2.8   Weitere Übungen zur Steigerung der Stimmung und des Selbstwertgefühls 153
        Abbildungsnachweis 154
        Weiterführende Literatur 154

Denkverzerrung 14: Werde ich nie wieder gesund und am Ende sogar verrückt?
Zwang ≠ Psychose 155
Steffen Moritz, Marit Hauschildt

15.1   Einführung ins Thema 157
        Abbildungsnachweis 160
        Weiterführende Literatur 160

Zu guter Letzt 161

16.1   Sie sind mehr als Ihre Zwangsstörung und Sie haben mehr drauf, als nur Ihre Probleme zu bekämpfen 163
16.1.1   Übung: Vorstellungsübung 164
16.2   Übung macht den Meister! 165
16.3   Rückmeldung 166
        Abbildungsnachweis 167
        Weiterführende Literatur 167

Serviceteil
        Arbeitsmaterialien 170
        Stichwortverzeichnis 178

Theoretische Ausführungen

Metakognition und Zwang – 3
Steffen Moritz, Marit Hauschildt

Metakognition und Zwang

Steffen Moritz, Marit Hauschildt

1.1 Ziele des metakognitiven Trainings – 4

1.2 Hinweise zur Arbeit mit dem metakognitiven Training – 4

1.3 Theoretischer Hintergrund – 6
1.3.1 Was ist Zwang? – 7
1.3.2 Was sind eigentlich Zwangsgedanken und Zwangshandlungen? – 8
1.3.3 Häufige Folgen von Zwang: Vermeidung und Sicherheitsverhalten – 9
1.3.4 Was die Dinge verschlimmert! – 10
1.3.5 Zwang und zwanghafte Persönlichkeitsstörung – 12

1.4 Aufbau und Inhalt des metakognitiven Trainings – 13
1.4.1 Wo sind Ihre Probleme? – 13
1.4.2 Übung: Noch einmal innehalten – Brief an den Zwang – 13
1.4.3 Was ist Metakognition? – 15
1.4.4 Denkverzerrungen – 15

1.5 Jetzt geht's endlich los! – 16

Abbildungsnachweis – 17

Weiterführende Literatur – 17

1.1 Ziele des metakognitiven Trainings

Zwänge sind zum überwiegenden Teil erlernt

Das metakognitive Training gegen Zwangsstörungen vermittelt Wissen über zwangstypische Denkverzerrungen sowie Strategien, diese zu bewältigen. Unter Denkverzerrungen werden ungünstige Stile der Aufnahme und Bewertung bestimmter Informationen verstanden, die zur Entstehung oder Aufrechterhaltung von Zwängen beitragen (z. B. die erhöhte Aufmerksamkeit für Gefahrenreize, ein perfektionistischer Leistungsanspruch oder die Übertreibung der eigenen Verantwortung für schlimme Ereignisse). Von einer Denkverzerrung zu unterscheiden sind Verhaltensweisen, die zwar eine gewisse äußere Ähnlichkeit zu Zwängen aufweisen, aber situationsangemessen sind und keinerlei Leidensdruck hervorrufen (z. B. »Zwanghaftigkeit« von Piloten oder Chirurgen bei der Ausübung ihres Berufs, aber nicht in anderen Lebensbereichen).

…und lassen sich auch wieder verlernen – mit Mut, Beharrlichkeit und Übung. Eine therapieresistente Veranlagung existiert nicht

Das Training beabsichtigt, jene Denkverzerrungen offenzulegen, die am Zustandekommen der Zwangsstörung beteiligt sind, und gibt Ihnen Strategien an die Hand, diese »Denkfallen« zu erkennen und zu entschärfen.

Darüber hinaus kommen häufige Begleit- und Folgeprobleme von Zwangsstörungen wie eine Depression und mangelndes Selbstwertgefühl in späteren Abschnitten zur Sprache. Schließlich greift das Selbsthilfebuch Sorgen vieler Betroffener auf, z. B. an einem schweren irreparablen Hirndefekt oder einer Schizophrenie zu leiden, und beabsichtigt, diese übertriebenen Befürchtungen durch korrigierende Informationen zu reduzieren. Wenngleich sich das Buch vor allem an Menschen mit einer Zwangsstörung richtet, sind einige der Kapitel, z. B. zu Perfektionismus (▶ Denkverzerrung 9), unseres Erachtens auch für Menschen mit einer zwanghaften Persönlichkeitsstörung nützlich. Auf den Unterschied zwischen diesen beiden Störungsbildern kommen wir in ▶ Abschn. 1.3.5 genauer zu sprechen.

1.2 Hinweise zur Arbeit mit dem metakognitiven Training

Nehmen Sie sich nicht zu viel auf einmal vor, nach der Devise Klasse statt Masse. Bearbeiten Sie lieber die für Sie wirklich relevanten Themen intensiv anstatt vieles nur oberflächlich. Jede Denkverzerrung bezieht sich auf eine Kernfrage, die Sie in ▶ Abschn. 1.4.4 (siehe auch jeweilige Kapitelfrage im Inhaltsverzeichnis) aufgelistet finden. Lesen Sie sich bitte die Fragen durch und antworten Sie spontan. Kapitel, deren Kernfragen Sie mit »ja« beantwortet haben, widmen Sie besondere Aufmerksamkeit.

Bleiben Sie bei den für Sie relevanten Kapiteln über einen längeren Zeitraum und vertiefen Sie die Inhalte unbedingt mithilfe der Übungen. Aus vielen Forschungsbefunden wissen wir, dass neues Wissen durch Wiederholung, Vertiefung und Anwendung am besten gelernt wird. Nicht umsonst nennen wir unseren Ansatz »Training«.

Die Trainingseinheiten enthalten eine Reihe von praktischen Elementen, bei denen Sie aktiv etwas tun sollen. Diese Teile sind mit den folgenden Symbolen gekennzeichnet:

In den Abschnitten, die mit einem Fragezeichen versehen sind, wird Ihnen eine Frage gestellt, die Sie zunächst für sich selbst beantworten sollten, bevor Sie sich die Lösungen bzw. Antwortmöglichkeiten ansehen. Der Lern- und »Aha«-Effekt der Übungen ist größer, wenn Sie sich die Aufgabe zunächst selbst herleiten bzw. bearbeiten, bevor Sie weiterlesen.

Das Werkzeugsymbol steht für die Übungen, in denen es darum geht, sich der eigenen Denkverzerrungen bewusst zu werden und neue (korrigierende) Erfahrungen zu machen.

Zu vielen Übungen sind begleitende Arbeitsblätter vorhanden, die Sie über http://extras.springer.com/ nach Eingabe der ISBN kostenfrei abrufen können – im Anhang befindet sich hierzu eine Übersicht in verkleinerter Darstellung. Einige wichtige Texte im Buch können zusätzlich als Infoblätter ausgedruckt werden. Sie sind ebenfalls unter dem angegebenen Link verfügbar. Die Übungen mit Arbeitsblättern sind jeweils mit dem nebenstehenden Symbol gekennzeichnet.

 Nicht schummeln!

Ansonsten geschieht etwas, das in der Psychologie als »Rückschaufehler« bezeichnet wird: Das neue Wissen verknüpft sich automatisch mit vorhandenem und wirkt dadurch vermeintlich altbekannt (»wusste ich längst, ist doch kalter Kaffee«).

Nachhaltige Veränderung ist immer erkenntnis- und erfahrungsgeleitet. Lesen macht vielleicht klüger, aber bewirkt an sich noch nichts

Nicht schummeln!

1.3 Theoretischer Hintergrund

Dieses Programm basiert unter anderem auf Erkenntnissen der Forschungsgruppen um Paul Salkovskis und Adrian Wells, der Obsessive Compulsive Working Group sowie unserer eigenen Arbeitsgruppe in Hamburg.

Grundlage des metakognitiven Trainings ist ein kognitives Verständnis von Zwang, welches die Korrektur von Denkverzerrungen zum Ziel hat.

Bekannt sind mögliche Faktoren, die eine Zwangserkrankung begünstigen können – aber keinesfalls müssen!

Woher kommen Denkverzerrungen? Übertriebenes Verantwortungsgefühl (▶ Denkverzerrung 8), Perfektionismus (▶ Denkverzerrung 9) und Befürchtungen, dass schlechte Gedanken auch schlechte Taten nach sich ziehen (▶ Denkverzerrung 2), um nur einige zu nennen, kommen nicht aus heiterem Himmel. Neben genetischen Faktoren sind insbesondere eine wenig liebevolle Erziehung (z. B. fordernde, einengende oder auch gleichgültige Eltern, strenge Lehrer) und (Fehl-)Anpassungen in der Kindheit auf tatsächliche oder befürchtete Zurückweisung **mögliche** Faktoren. Was in der Kindheit noch nützlich oder sogar notwendig war, beschwert das spätere Leben und verkehrt sich zunehmend zum Bumerang. Auch eine skrupulöse religiöse Erziehung, die einen alles sehenden und vor allem strafenden Gott betont, kann Nährboden für die spätere Entwicklung eines Zwangs sein. Diese frühen Faktoren sind aber nicht verallgemeinerbar. Es gibt nicht **die** Zwangsbiografie.

▶ Bevor die Denkverzerrungen im Einzelnen behandelt werden, bitten wir Sie noch um etwas Geduld. Zuerst werden einige Begriffe erklärt. Bitte überspringen Sie diese Seiten nicht.

1.3.1 Was ist Zwang?

Waschzwang

Kontrollzwang

Zwänge kommen in allen Kulturen und Erdteilen bei bis zu 3 % der Bevölkerung vor. Auch aufgrund der Tendenz vieler Betroffener, die Krankheit vor allem aus Scham geheim zu halten und – wenn überhaupt – erst spät Hilfe zu suchen, wurde die Verbreitung jahrelang unterschätzt. Zwänge wurden schon vor Jahrhunderten beschrieben, und es handelt sich keinesfalls um eine Störung, die ihren Ursprung in unserer modernen oder westlichen Gesellschaft hat. Die Übergänge von normalen Befürchtungen und Ritualen bis hin zu Zwängen sind fließend. Abgeschwächte Formen von Zwangsgedanken oder -handlungen sind bei vielen Menschen zu finden. Erst ungünstige Bewältigungsstile (z. B. Gedankenunterdrückung und Vermeidung) und insbesondere die Überbewertung eines flüchtigen negativen Gedankens als bedeutsam und gefährlich, lassen aus einem kleinen Plagegeist ein großes Hirn-*Gespenst* werden.

> Rituale und Befürchtungen sind an sich nicht notwendigerweise behandlungsbedürftig oder krankhaft – eine gewisse Zwanghaftigkeit gehört zur menschlichen »Grundausstattung«

❯ **Was aber sind Zwänge genau?**

Dazu gleich mehr im nächsten Abschnitt.

1.3.2 Was sind eigentlich Zwangsgedanken und Zwangshandlungen?

Diese zwei Symptomgruppen stehen im Vordergrund der Zwangserkrankung:
- Zwangsgedanken

Ein Tornado braut sich zusammen…

- Zwangshandlungen

… und entlädt sich

- **Zwangsgedanken**

Zwangsgedanken sind wiederkehrende Gedanken, Bilder oder Impulse, die als quälend erlebt werden (z. B. die Vorstellung, jemanden mit einer Krankheit anzustecken; die Angst, jemanden versehentlich mit dem Auto überfahren zu haben).

Häufig handelt es sich um übertriebene Befürchtungen mit gewalttätigem oder obszönem Inhalt, die im Widerspruch zu eigenen Überzeugungen und Absichten stehen.

Beschämen Sie Ihre eigenen Gedanken?

Zwangsgedanken werden im Unterschied zu Wahnideen (▶ Denkverzerrung 14) durchaus als Produkte des eigenen Geistes erlebt und sind mit starkem Leidensdruck verbunden. Der Betroffene fühlt sich ihnen hilflos ausgeliefert und empfindet oft Schuld- oder Schamgefühle aufgrund der Denkinhalte. Zwangsgedanken können auch ohne Zwangshandlungen auftreten.

Zwangshandlungen

Zwangshandlungen sind wiederholt auftretende ritualisierte motorische (z. B. Hände waschen, Türen kontrollieren, Ordnen, Horten und Sammeln) oder mentale Handlungen (z. B. im Geiste zählen oder Reime aufsagen), zu deren Ausführung sich der Betroffene zumeist durch Zwangsgedanken gedrängt fühlt. Bei Betroffenen, die schon lange unter Zwängen leiden, sind die Zwangshandlungen oft so automatisiert, dass auslösende Zwangsgedanken nicht mehr bewusst wahrgenommen werden.

In vielen Fällen beabsichtigen die Betroffenen, sich und/oder nahestehende Personen durch ihre Rituale vor einer drohenden Gefahr zu schützen.

Der Versuch, einer Zwangshandlung zu widerstehen, geht meist mit großer Angst oder Unbehagen einher. Rituale vermitteln den Betroffenen die trügerische Sicherheit, dass sie schlimme Ereignisse verhindern könnten. Wenn das gefürchtete Ereignis (z. B. jemanden mit einer tödlich verlaufenden Krankheit anzustecken) nach erfolgtem Zwangsritual (z. B. exzessives Händewaschen) nicht eintritt, verfestigt sich der Eindruck, dass die Zwangshandlung zur Gefahrenabwendung sinnvoll war, obwohl auch sonst nichts passiert wäre.

Zwangshandlungen nehmen unbehandelt über die Zeit an Intensität zu.

Hand aufs Herz – wie viel Zeit nehmen Zwangshandlungen in Ihrem Leben mittlerweile in Anspruch?

1.3.3 Häufige Folgen von Zwang: Vermeidung und Sicherheitsverhalten

Vermeidung

Unter Vermeidungsverhalten wird das aktive Vermeiden von oder die Flucht aus Situationen oder Orten verstanden, die als bedrohlich erlebt werden (z. B. Verzicht auf das Autofahren aus Angst, jemanden zu überfahren).

Häufig entwickelt sich eine Art **vorauseilender Gehorsam**: Situationen werden gemieden, in denen die entfernte Möglichkeit besteht, dass Zwangsgedanken oder Zwangshandlungen auftreten oder ausgelöst werden könnten. Im Extremfall verlassen die Betroffenen nicht mehr die eigene Wohnung.

Besser nicht, sonst...

Vermeidung: nicht weitergehen!

Sicherheitsverhalten

Eines ist sicher: Sicherheitsverhalten erhält die Befürchtungen aufrecht!

Mit Sicherheitsverhalten sind Maßnahmen gemeint, die der Betroffene ergreift, um Unheil oder die Verantwortung für mögliches Unheil abzuwehren. Ein Beispiel ist das Tragen von Glücksamuletten oder Schutzhandschuhen, um eine Ansteckung mit Keimen zu verhindern. Es handelt sich um eine verdeckte Form der Vermeidung: Die angstbesetzte Situation wird nicht komplett gemieden, der Betroffene stellt sich jedoch auch nicht vollständig seinen übertriebenen Ängsten. Der Versuch, »schlechte« Gedanken zu unterdrücken, stellt eine weitere Form von Sicherheitsverhalten dar.

Nazar-Amulett zur Abwendung des »Bösen Blicks«

Obwohl Vermeidung und Sicherheitsverhalten kurzfristig entlastend wirken, verstärken sie auf Dauer die Intensität der Zwangsgedanken, da sich die Illusion festsetzt, die Angst würde durch die Maßnahmen wirkungsvoll reduziert.

◘ Tab. 1.1 zeigt Beispiele für häufige Zwänge, die in verschiedenen (Lebens-)Bereichen auftreten können.

Danach sind Sie an der Reihe: Tragen Sie in das ▶ Arbeitsblatt 1 eigene Zwangsgedanken und -handlungen sowie mögliches Vermeidungs- und Sicherheitsverhalten ein.

1.3.4 Was die Dinge verschlimmert!

Was Sie stattdessen tun können: hilfreiche Bewältigungsformen

Einige der Strategien Betroffener wirken zwar kurzfristig entlastend, verstärken aber die Symptome auf lange Sicht. Das Training soll Ihnen helfen, diese Strategien abzulegen und durch hilfreiche Bewältigungsformen zu ersetzen (◘ Tab. 1.2).

Theoretischer Hintergrund

Tab. 1.1 Häufige Zwangssymptome, unterteilt nach Inhalten

Zwang	Häufige Zwangsgedanken	Häufige Zwangshandlungen	Vermeidungs- und Sicherheitsverhalten
Verschmutzung und Kontamination	– »Ich könnte jemanden anstecken« – »Ich könnte mich mit AIDS infiziert haben« – »Das Haus könnte mit Umweltgiften verseucht werden«	– Waschen – Reinigen – Exzessiv Desinfektionsmittel benutzen	– Das Haus wird nicht verlassen – Bestimmte Zimmer werden nicht betreten – Türklinken werden nicht angefasst – Hände werden nicht geschüttelt
Verantwortung für Fehler oder Unheil	– »Ich könnte jemanden versehentlich überfahren haben« – »Ich könnte durch Unachtsamkeit einen Brand verursachen«	– Kontrollieren, Nachsehen – Sich exzessiv bei anderen Personen versichern, dass nichts passiert ist oder passieren wird	– Das Autofahren wird aufgegeben – Elektronische Geräte werden nicht mehr benutzt
Ordnung und Symmetrie	– »Ich muss um jeden Preis eine bestimmte Ordnung einhalten« – »Dinge müssen auf eine ganz bestimmte Art und Weise gemacht werden« – »Es ist nicht richtig« – »Es fühlt sich falsch an«	– Aufräumen, Sortieren, paralleles Anordnen oder wiederholtes Ausrichten von Gegenständen nach spezifischen Regeln – Überspringen von ungeraden Zahlen	– Kein Empfang von Besuch aus Angst vor Unordnung – Wichtige Tätigkeiten werden nur an »guten Tagen« erledigt
Horten und Sammeln	– »Ich muss alles aufbewahren« – »Alles ist wichtig« – »Ich könnte belangt werden, wenn ich wichtige Dinge verliere«	– Horten – Archivieren – Aktive Beschaffung von Informationen bis hin zum Durchsuchen des Mülls	– Das Haus wird nicht verlassen, um nicht in Versuchung zu kommen zu sammeln – Soziale Kontakte werden vermieden
Aggressive, sexuelle, religiöse/moralische Zwangsgedanken	– »Ich könnte einen Mord begehen« – »Ich bin ein böser Mensch, da ich schlecht über meine Eltern gedacht habe« – »Ich könnte pädophil sein«	– (Gedankliche) Rituale zur Neutralisierung der Gedanken (z. B. Beten, Zählen, »Gegengedanken«) – Unterdrücken der Gedanken – Wiederholtes Rückversichern bei sich selbst oder anderen	– »Gefährliche« Gegenstände (z. B. Messer) werden aus der Wohnung entfernt – Bestimmte Orte (z. B. Schulen) und Menschen (z. B. Kinder) werden gemieden

Tab. 1.2 Neue Wege der Bewältigung

Was die Dinge verschlimmert	Stattdessen
Vermeidung Vermeidung mindert die Angst kurz-, aber steigert sie langfristig: Nach und nach werden Lebensbereiche eingebüßt, in denen man sich vorher noch sicher fühlte.	Stellen Sie sich den gefürchteten Objekten oder Situationen! Erobern Sie sich Ihre Umwelt zurück, aber setzen Sie sich realistische Ziele! Dieses Vorgehen stellt den Kern der sogenannten Konfrontationsbehandlung dar (auch Exposition genannt; ▶ Denkverzerrung 4).
Sicherheitsverhalten Das Tragen von Glücksbringern (z. B. Amulette und kleine Figuren) verleitet zu der falschen Schlussfolgerung, dass es allein diesen zu verdanken sei, dass eine Katastrophe nicht eingetreten ist.	Verzichten Sie zunehmend auf Glücksbringer und Dinge oder Verhaltensweisen, die Ihnen helfen, eine Situation durchzustehen, aber viel Zeit und das Gefühl von Selbstbestimmtheit kosten. Werden Sie Ihres eigenen Glückes Schmied!
Gedankenunterdrückung Der Versuch, bestimmte Gedanken aus dem Denken zu verbannen, führt zu einer paradoxen Verstärkung der unterdrückten Gedanken.	Lassen Sie die Gedanken wie dunkle Wolken vorbeiziehen. Greifen Sie nicht ein! Auf dieses Thema kommen wir bei ▶ Denkverzerrung 5 zurück.

Sie pflegen ausgesprochen hohe Standards beim Erledigen von Aufgaben, kaum jemand kann es Ihnen recht machen? Diese Charakterzüge deuten auf eine zwanghafte Persönlichkeit hin

1.3.5 Zwang und zwanghafte Persönlichkeitsstörung

Die Unterscheidung zwischen einer Zwangsstörung und einer zwanghaften Persönlichkeitsstörung ist bei aller Ähnlichkeit der Diagnosen keinesfalls spitzfindig. Während die Zwangsstörung von quälenden Gedanken geprägt ist, die der Betroffene zwar als unsinnig empfindet, denen er sich in Form von Zwangshandlungen dennoch widerstrebend beugt, verspüren Menschen mit einer zwanghaften Persönlichkeitsstörung einen meist nur geringen Leidensdruck. Diese Personen sind häufig der Überzeugung, ihr Verhalten sei prinzipiell angemessen: Sie betrachten sich selbst nicht als pedantisch – vielmehr sind die anderen schlampig. Sie empfinden sich nicht als übertrieben reinlich – vielmehr sind die anderen Dreckspatzen. Die deutsche Sprache hält für diese Menschen viele – leider oft abwertende – Wörter bereit: Pedant, Kontrollfreak, Besserwisser, Putzteufel…

Eine psychische Belastung tritt hier oft sekundär auf, nämlich dann, wenn das selbst auferlegte Pensum, welches Reinigen, Horten oder Kontrollieren dem Betroffenen abverlangt, auf Dauer nicht mehr aufrechterhalten werden kann. Der Betroffene schafft es zunehmend nicht mehr, seinen eigenen Standards gerecht zu werden oder aber gerät mit dem Partner oder Arbeitgeber in Konflikt.

Sollten Sie sich bei dieser Beschreibung wiedererkennen, so raten wir Ihnen, vor allem die Kapitel zu übertriebenem Verantwortungsgefühl (▶ Denkverzerrung 8), Perfektionismus (▶ Denkverzerrung 9) und Suche/Sucht nach Wahrheit (▶ Denkverzerrung 10) zu lesen. Tauschen Sie sich außerdem mit Personen Ihres Vertrauens aus, wie diese Ihr Verhalten einschätzen. Schließlich sehen die eigenen Augen alles… außer sich selbst.

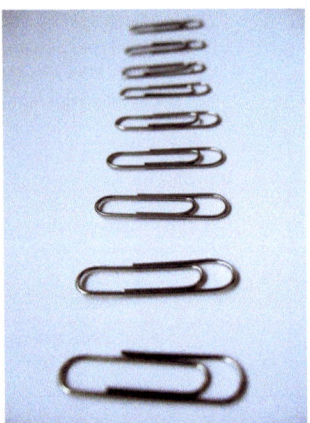

Noch normal oder schon zu viel?

1.4 Aufbau und Inhalt des metakognitiven Trainings

1.4.1 Wo sind Ihre Probleme?

Verinnerlichen Sie die Definitionen von Zwangsgedanken und Zwangshandlungen. Spüren Sie Vermeidungs- und Sicherheitsverhalten bei sich auf. Worauf verzichten Sie aus Angst vor Zwangssymptomen, und welche Rituale vollziehen Sie, um Situationen durchzustehen?

Sofern noch nicht geschehen, tragen Sie Ihre Beschwerden in das ▸ Arbeitsblatt 1 ein, das in ▸ Abschn. 1.3.3 präsentiert wurde.

Machen Sie sich schlau über die eigene Erkrankung. Lesen Sie z. B. die Krankheitsinformationen der Deutschen Gesellschaft Zwangserkrankungen (DGZ) auf http://www.zwaenge.de.

1.4.2 Übung: Noch einmal innehalten – Brief an den Zwang

Liebe Leserin, lieber Leser, bevor Sie loslegen mit den Übungen, halten Sie noch einmal inne und stellen Sie sich folgende Frage: »Will ich wirklich etwas verändern, und wenn ja, was genau?« Seien Sie ehrlich mit sich. Was ist das Störende an Ihren Symptomen? Woran hindern die Zwänge Sie? Was nimmt Ihnen der Zwang? Wo sind Sie eventuell auch hin- und hergerissen. Gibt es etwas, wobei der Zwang Ihnen nützt (»Vorsicht ist besser als Nachsicht, lieber einen Zwang haben als ein Hans-Guck-in-die-Luft sein«)? Worauf müssen Sie verzichten, wenn Sie sich dazu entscheiden, den Zwang aufzugeben? Sind Sie dazu bereit? Warum? Greifen Sie zum Stift und schreiben Sie es auf, z. B. in Form eines (Abschieds-)Briefs an Ihren Zwang (▸ Arbeitsblatt 2, Seite 1 [Brief] oder Arbeitsblatt 2, Seite 2 [Pro-Kontra-Liste]).

> Überlegen Sie, was Ihnen der Zwang genommen hat… oder mal gegeben hat oder noch gibt…

Vielleicht fragen Sie sich, wozu das gut sein soll? Studien legen nahe, dass eine Klärung der Änderungsmotivation, des Leidensdrucks, aber auch innerer Widerstände vor Beginn einer Therapie den Behandlungserfolg steigert. Veränderung ist ein aktiver Prozess, der eine entsprechende innere Bereitschaft und Haltung voraussetzt. Das heißt nicht, dass Ihre Motivation, den Zwang zu überwinden, jeden Tag bei 100 % sein muss. Wahrscheinlich stellen Sie fest,

> Ohne die innere Bereitschaft zur Veränderung kann die beste Therapie nicht helfen. Sind Sie bereit?

dass die Motivation schwankt, und es sogar Tage gibt, an denen Sie fast die Hoffnung verlieren oder sich mit dem Zwang arrangiert haben. Gerade an solchen Tagen kann es hilfreich sein, den Brief noch einmal zu lesen und sich selbst daran zu erinnern, warum Sie sich – aller Schwierigkeiten zum Trotz – dazu entschieden haben, einen neuen Weg ohne den Zwang einzuschlagen – oder eben nicht. Ein Brief könnte folgendermaßen aussehen (wem das nicht liegen sollte: Sie können sich auch mit einer Pro-Kontra-Liste behelfen).

Brief an den Zwang

Hallo Zwang,

Du hast ja bereits mitbekommen, dass ich mich letzte Woche für eine Therapie angemeldet und mir dieses Buch gekauft habe. Um es kurz zu machen: Mir geht es nicht mehr gut mit Dir, und ich will, dass Du gehst. Deine vielen Drohungen („Putz die Küche oder willst Du, dass jemand an Keimen zugrunde geht?"; „Kontrolliere die Tür noch mal oder möchtest Du riskieren, dass eingebrochen wird?") und ständigen Zweifel („Was ist, wenn…?"), haben mich unglücklich gemacht. Statt andere Menschen zu schützen, wie Du es mir vorgaukelst, hast Du meiner Familie nur Leid gebracht, indem sich alle Dir fügen müssen. Ich wage es nicht mehr, meine Freunde ins Haus zu lassen, da dies neue Kontrollen und Waschrituale nach sich ziehen würde. Hierfür fehlt mir die Kraft, Du hast sie mir geraubt. Ich weiß auch, dass es Zeiten gab, in denen ich Dich auf eine Art brauchte. Ich konnte mich an Dir festhalten, wenn es sonst wenig Halt gab. Auch jetzt bietest Du mir kurzfristig Sicherheit – aber für einen zu hohen Preis! Wenn ich wüsste, dass ich noch zehn Leben hätte, würde ich es eventuell noch ein bisschen länger aushalten, aber ich habe nur dieses eine. Ich will mich jetzt endlich jenen Dingen widmen, die mir wirklich wichtig sind (Familie, Freunde, mittlerweile aufgegebene Hobbies wie Gartenarbeit) und nicht mehr Deine Spukgeschichten hören. Deshalb will ich lernen, Dich zu überwinden. Dieses Buch ist eine der Maßnahmen, die ich ergreife. Du weißt natürlich, dass ich wankelmütig bin und mir manchmal das Durchhaltevermögen fehlt. Aber ich habe mich jetzt dafür entschieden, Dich endgültig zu verabschieden und mein Leben ohne Dich zu führen. Und ich kann Dir versichern, ich werde nicht aufgeben und mich auch durch Rückschläge nicht entmutigen lassen.

Ich möchte mich nicht auf Dein Niveau begeben, daher grüße ich trotz allem herzlich und sage tschüss!

Dein Ex-Freund

Im nächsten Schritt beginnen wir mit dem metakognitiven Training gegen Zwang.

1.4.3 Was ist Metakognition?

Das Training widmet sich zum einen typischen **kognitiven Verzerrungen** bei Zwängen, welche die **Inhalte** des Denkens betreffen, z. B. Perfektionismus (▶ Denkverzerrung 9) oder Selbstzweifel und Depression (▶ Denkverzerrung 13). Zum anderen befasst sich das Training mit **metakognitiven Überzeugungen**. Diese betreffen unsere ganz persönlichen Vorstellungen **über** unsere Denkvorgänge: Wie Denken funktioniert, wie man es beeinflussen kann und was Gedanken **dürfen** und **können**! Viele Menschen mit Zwängen haben z. B. die metakognitive Überzeugung, dass »schlimme« Gedanken unweigerlich zu schlimmen Taten führen (▶ Denkverzerrung 2), »schlechte« Gedanken unterdrückt werden müssen, um ihren Einfluss zu bannen (▶ Denkverzerrung 5), oder Grübeln hilft, Probleme zu lösen (▶ Denkverzerrung 11). Folgeprobleme wie Depression (▶ Denkverzerrung 13) oder häufige Sorgen bezüglich der Krankheitsursachen (▶ Denkverzerrung 12) und der weiteren Prognose (▶ Denkverzerrung 14) werden in den Schlusskapiteln behandelt.

»Meta« steht im Griechischen für »über«, »Kognition« ist abgeleitet aus dem Lateinischen und bedeutet »Denken«. Metakognition beschreibt somit das Denken über das Denken

- **Es ergeben sich folgende übergeordnete Trainingsinhalte:**

Normalität Was ist »normales« Denken? Was **dürfen** und **können** Gedanken und was nicht?

Denkverzerrungen aufdecken Offenlegung von Denkfallen, die zur Entstehung und Aufrechterhaltung von Zwängen beitragen.

Denkfallen entschärfen Korrektur der Denkverzerrungen durch geleitete Selbsterkenntnis, Verhaltensexperimente, kritische Diskussion und Übungen.

1.4.4 Denkverzerrungen

In den folgenden Abschnitten werden Denkverzerrungen behandelt, die nach Meinung vieler Experten Zwangsgedanken und -handlungen hervorrufen und/oder verstärken. Ähnliche Formen von Zwängen können dabei mit ganz unterschiedlichen Denkverzerrungen einhergehen. Dementsprechend gibt es keinen Königsweg zur Behandlung von Zwängen, der für alle Betroffenen gleichermaßen geeignet wäre. Es ist daher zu erwarten, dass Ihnen die eine oder andere Denkverzerrung und Übung irrelevant vorkommt. Überspringen Sie diese Abschnitte dennoch nicht und entscheiden Sie hinterher, welche Übungen Sie (zunächst) anwenden wollen und welche nicht. Bei näherer Betrachtung führt so mancher vermeintliche Holzweg doch zum Ziel.

Fallen Ihnen Bereiche ein, in denen Sie im Vergleich zu anderen Personen dieselben Informationen anders auswählen, bewerten oder weiterverarbeiten? Haben Sie z. B. besonders sensible Antennen für Gefahr, neigen Sie zu übertriebener Sorgfalt, fühlen Sie sich für alles und jeden verantwortlich? Wenn Sie wenigstens eine der folgenden Fragen mit »ja« beantworten können, sind Sie hier richtig:

Häufige Denkverzerrungen
- Denkverzerrung 1: Sind schlechte Gedanken anormal?
- Denkverzerrung 2: Führen schlimme Gedanken zu schlimmen Taten?
- Denkverzerrung 3: Müssen die Gedanken dem eigenen Willen gehorchen?
- Denkverzerrung 4: Ist die Welt gefährlich?
- Denkverzerrung 5: Müssen schlechte Gedanken unterdrückt werden?
- Denkverzerrung 6: Signalisieren Gefühle echte Gefahr?
- Denkverzerrung 7: Vergiften die Zwänge die Gedanken?
- Denkverzerrung 8: Bin ich für alles und jeden verantwortlich?
- Denkverzerrung 9: Ist gut nicht gut genug?
- Denkverzerrung 10: Muss ich alles ganz genau wissen?
- Denkverzerrung 11: Hilft Grübeln, Probleme zu lösen?
- Denkverzerrung 12: Ist Zwang eine Hirnstörung – kann man da nichts machen?
- Denkverzerrung 13: Ich kann und bin nichts?
- Denkverzerrung 14: Werde ich nie wieder gesund und am Ende sogar verrückt?

1.5 Jetzt geht's endlich los!

Nicht schummeln! Bitte halten Sie sich unbedingt an die Empfehlung, ernsthaft über Lösungen und Antworten auf die gestellten Fragen nachzudenken, bevor Sie weiterlesen – ganz gleich, wie bedeutungslos, zeitraubend oder vertraut Ihnen die Themen vorkommen. Lesen Sie das Buch nicht in einem Rutsch durch, sondern über einen längeren Zeitraum. Oft dringen bestimmte Erkenntnisse erst mit der Zeit durch, und es braucht ein paar Tage, bis der berühmte Groschen fällt. Auch kann es sinnvoll sein, bereits gelesene Kapitel später noch einmal zu lesen.

Abbildungsnachweis

Die Rechteinhaber der Abbildungen sind in der Abfolge ihrer Darstellung aufgeführt. Den gesamten Abbildungsnachweis zu diesem Werk finden Sie unter http://extras.springer.com/.

1. viZZZual.com: On Target. http://www.flickr.com/photos/vizzzual-dot-com/2655969483/. Zugegriffen: 08.10.2015
2. erikogan: 08/31 – CHEATING!!. http://www.flickr.com/photos/erikogan/238074165/. Zugegriffen: 08.10.2015
3. gutter: I'm thinking of…. http://www.flickr.com/photos/somemixedstuff/2403249501/. Zugegriffen: 08.10.2015
4. ooOJasonOoo: Day 352/365 – Washing day. http://www.flickr.com/photos/restless-globetrotter/2305219783/. Zugegriffen: 08.10.2015
5. Ellievanhoutte: Locked and lined Up…. http://www.flickr.com/photos/ellievanhoutte/2802180448/. Zugegriffen: 08.10.2015
6. Anthony Quintano: Storm Chasing with The Weather Channel's Tornado Hunt Team. https://www.flickr.com/photos/quintanomedia/11232269146/. Zugegriffen: 08.10.2015
7. billypalooza: Tornado Picture Taken By Crazy Woman. http://www.flickr.com/photos/billypalooza/2588900543/. Zugegriffen: 08.10.2015
8. striatic: road trip day three ~ a squircle grows in little five points. http://www.flickr.com/photos/striatic/22552043/. Zugegriffen: 08.10.2015
9. ccarlstead: Nazar Boncugu. http://www.flickr.com/photos/cristic/229883677/. Zugegriffen: 08.10.2015
10. David Masters: 365 x31 Obsessive Compulsive. http://www.flickr.com/photos/david-masters/3674965537/in/photostream. Zugegriffen: 08.10.2015
11. Caitlin Regan: Writing. https://www.flickr.com/photos/caitlinator/2826079915/. Zugegriffen: 08.10.2015
12. Grafik der Autoren
13. Arbron: Fun with Distortions. http://www.flickr.com/photos/arbron/119690008/. Zugegriffen: 08.10.2015

Weiterführende Literatur

Abramowitz JS, Taylor S, McKay D (2009) Obsessive-compulsive disorder. Lancet 374: 491–499

Moritz S, Jelinek L, Hauschildt M, Naber D (2010) How to treat the untreated! Effectiveness of a self-help metacognitive training program (myMCT) for obsessive-compulsive disorder (OCD). Dialogues Clin Neurosci 12: 209–220

Myers SG, Fisher PL, Wells A (2008) Belief domains of the Obsessive Beliefs Questionnaire-44 (OBQ-44) and their specific relationship with obsessive-compulsive symptoms. J Anxiety Disord 22: 475–484

Obsessive Compulsive Cognitions Working Group (2005) Psychometric validation of the Obsessive Beliefs Questionnaire and the Interpretation of Intrusions Inventory – Part II: Factor analyses and testing of a brief version. Behav Res Ther 43: 1527–1542

Rachman S (1998) A cognitive theory of obsessions: Elaborations. Behav Res Ther 36: 385–401

Taylor S, Abramowitz JS, McKay D, Cuttler C (2012) Cognitive approaches to understanding obsessive compulsive and related disorders. In: Steketee G (ed) Oxford Handbook of Obsessive-Compulsive and Spectrum Disorders, Oxford University Press, New York, S 233–250

Häufige Denkverzerrungen bei Zwang

Denkverzerrung 1: Sind schlechte Gedanken anormal? Verbreitung zwanghafter Befürchtungen – 21
Steffen Moritz, Marit Hauschildt

Denkverzerrung 2: Führen schlimme Gedanken zu schlimmen Taten? Denken ≠ Handeln – 41
Steffen Moritz, Marit Hauschildt

Denkverzerrung 3: Müssen die Gedanken dem eigenen Willen gehorchen? Die Gedanken sind frei! – 51
Steffen Moritz, Marit Hauschildt

Denkverzerrung 4: Ist die Welt gefährlich? Katastrophisieren – 61
Steffen Moritz, Marit Hauschildt

Denkverzerrung 5: Müssen schlechte Gedanken unterdrückt werden? Gedankenkontrolle – 77
Steffen Moritz, Marit Hauschildt

Denkverzerrung 6: Signalisieren Gefühle echte Gefahr? Zwang und Emotion – 85
Steffen Moritz, Marit Hauschildt

Denkverzerrung 7: Vergiften die Zwänge die Gedanken? Das Netzwerk des Zwangs – 97
Steffen Moritz, Marit Hauschildt

Denkverzerrung 8: Bin ich für alles und jeden verantwortlich? Übertriebenes Verantwortungsempfinden – 105
Steffen Moritz, Marit Hauschildt

Denkverzerrung 9: Ist gut nicht gut genug? Perfektionismus – 113
Steffen Moritz, Marit Hauschildt

Denkverzerrung 10: Muss ich alles ganz genau wissen? Suche/Sucht nach Wahrheit – 121
Steffen Moritz, Marit Hauschildt

Denkverzerrung 11: Hilft Grübeln, Probleme zu lösen? Gefangen in der Endlosschleife – 127
Steffen Moritz, Marit Hauschildt

Denkverzerrung 12: Ist Zwang eine Hirnstörung – kann man da nichts machen? Zwang und Gehirn – 133
Steffen Moritz, Marit Hauschildt

Denkverzerrung 13: Ich kann und bin nichts? Selbstzweifel und Depression – 141
Steffen Moritz, Marit Hauschildt

Denkverzerrung 14: Werde ich nie wieder gesund und am Ende sogar verrückt? Zwang ≠ Psychose – 155
Steffen Moritz, Marit Hauschildt

Zu guter Letzt – 161

Denkverzerrung 1: Sind schlechte Gedanken anormal? Verbreitung zwanghafter Befürchtungen

Steffen Moritz, Marit Hauschildt

2.1 Einführung ins Thema – 23
2.1.1 Was ist normal? – 23
2.1.2 Übergang von »normal« zu »zwanghaft« – 29
2.1.3 Wieso redet kaum jemand darüber? – 30

2.2 Übungen – 32
2.2.1 Übung 1: Unmoral auch bei moralischen Vorbildern – 32
2.2.2 Übung 2: Zwischenmenschliche Beziehungen – 32
2.2.3 Übung 3: Milde walten lassen – 35
2.2.4 Übung 4: Aggressionsbewältigung – 38
2.2.5 Übung 5: Akzeptanz und Wertschätzung für sich selbst und andere – 38

Abbildungsnachweis – 39

Weiterführende Literatur – 40

2.1 Einführung ins Thema

2.1.1 Was ist normal?

2.1.1.1 Was ist normal? – Umfrage Teil 1

Was schätzen Sie? Wie viele Menschen ohne Zwang bejahten die folgenden Aussagen?

Tab. 2.1

%	Verkeimung und Verschmutzung
?	Ich vermeide es, im öffentlichen Raum Gegenstände zu berühren (z. B. Haltestange in der U-Bahn), um mich nicht mit gefährlichen Keimen zu infizieren.
?	Wenn ich Geld berührt habe, wasche ich mir anschließend die Hände.
?	Ich bin mir sicher, dass mich elektromagnetische Strahlung (z. B. von Mobiltelefonen) krank macht.
?	Ich habe große Angst davor, dass sich in meiner Wohnung Kakerlaken oder anderes Ungeziefer ausbreiten könnte.

Tab. 2.2

%	Magisches Denken und Aberglauben
?	Um einen inneren Frieden zu finden, führe ich bestimmte Rituale aus.
?	Ich habe eine Lieblingszahl, die mir Glück bringt.
?	Es gibt keinen großen Unterschied zwischen Denken und Handeln.
?	Wenn ich auf einem Plattenweg gehe, vermeide ich es, auf die Ritzen zu treten.
?	In Sprüchen wie »schwarze Katze von rechts bringt Pech« steckt oft mehr als ein Körnchen Wahrheit.
?	Manchmal habe ich das Gefühl, meine Lieblingsmannschaft hätte eher gewonnen, wenn ich das Spiel live mitverfolgt hätte.

> Die Auflösung finden Sie auf der folgenden Seite!

- **Ergebnisse einer eigenen Umfrage an 100 Personen ohne Zwang oder eine andere psychische Erkrankung zu Verschmutzung und zu magischem Denken**

Wahrscheinlich sind Sie gleich überrascht zu sehen, wie weitverbreitet bestimmte Sorgen und Rituale auch bei Menschen ohne Zwang sind!

Tab. 2.3

%	Verkeimung und Verschmutzung
34	Ich vermeide es, im öffentlichen Raum Gegenstände zu berühren (z. B. Haltestange in der U-Bahn), um mich nicht mit gefährlichen Keimen zu infizieren.
28	Wenn ich Geld berührt habe, wasche ich mir anschließend die Hände.
23	Ich bin mir sicher, dass mich elektromagnetische Strahlung (z. B. von Mobiltelefonen) krank macht.
19	Ich habe große Angst davor, dass sich in meiner Wohnung Kakerlaken oder anderes Ungeziefer ausbreiten könnte.

Tab. 2.4

%	Magisches Denken und Aberglauben
42	Um einen inneren Frieden zu finden, führe ich bestimmte Rituale aus.
35	Ich habe eine Lieblingszahl, die mir Glück bringt.
29	Es gibt keinen großen Unterschied zwischen Denken und Handeln.
29	Wenn ich auf einem Plattenweg gehe, vermeide ich es, auf die Ritzen zu treten.
20	In Sprüchen wie »schwarze Katze von rechts bringt Pech« steckt oft mehr als ein Körnchen Wahrheit.
15	Manchmal habe ich das Gefühl, meine Lieblingsmannschaft hätte eher gewonnen, wenn ich das Spiel live mitverfolgt hätte.

2.1.1.2 Was ist normal? – Umfrage Teil 2

Was schätzen Sie? Wie viele Menschen ohne Zwang bejahten die Aussagen?

◼ Tab. 2.5	
%	**Aggression, Moral und Sexualität**
?	Wenn ich mich über den Misserfolg anderer freue, bin ich ein schlechter Mensch.
?	Manchmal verspüre ich starke Wut gegenüber Menschen, die ich eigentlich sehr mag.
?	Andere Menschen sind moralischer und besser als ich.
?	Manchmal denke ich schlimme Sachen, die ich eigentlich nicht denken will.
?	Wer bösartige Gedanken hegt, ist auch ein böser Mensch.
?	Beim Autofahren habe ich große Angst davor, einen Unfall zu verursachen und andere zu verletzen.
?	Es kommt vor, dass ich Hassgefühle gegenüber Menschen empfinde, die ich eigentlich lieben sollte.
?	Ich habe starke Angst, eine schlechte Mutter oder ein schlechter Vater zu sein.
?	In meiner Wohnung muss alles an seinem Platz sein, sonst habe ich Angst, dass sich das Chaos ausbreitet.
?	Wenn ich gereizt bin, halte ich mich von anderen fern, da ich befürchte, sonst auszurasten.
?	Ich habe manchmal das Gefühl, dass in mir etwas Böses schlummert.
?	Ich habe Angst davor, jemandem unabsichtlich Schmerzen zuzufügen.
?	Ich habe die Befürchtung, jemanden zu blamieren, obwohl ich das eigentlich nicht will.
?	Wenn ich Gott lästere, werde ich dafür bestraft.
?	Ich habe Angst, dafür bestraft zu werden, wenn ich schlecht über meine Eltern rede.
?	Ich befürchte, dass man mir böse Gedanken an der »Nasenspitze« ansieht.
?	Wenn ich ungewöhnliche sexuelle Gedanken habe, befürchte ich, pervers zu sein.
?	Ich habe Angst davor, überzureagieren und (meinen) Kindern gegenüber handgreiflich zu werden.
?	Ich denke oft darüber nach, ob ich, ohne es zu wollen, eine Sünde begangen haben könnte.

- **Ergebnisse einer eigenen Umfrage an 100 Personen ohne Zwang oder eine andere psychische Erkrankung zu Aggression, Moral und Sexualität**

Viele Sorgen und Rituale sind auch »Otto Normalverbraucher« nicht völlig fremd!

Tab. 2.6

%	Aggression, Moral und Sexualität
66	Wenn ich mich über den Misserfolg anderer freue, bin ich ein schlechter Mensch.
63	Manchmal verspüre ich starke Wut gegenüber Menschen, die ich eigentlich sehr mag.
48	Andere Menschen sind moralischer und besser als ich.
48	Manchmal denke ich schlimme Sachen, die ich eigentlich nicht denken will.
38	Wer bösartige Gedanken hegt, ist auch ein böser Mensch.
37	Beim Autofahren habe ich große Angst davor, einen Unfall zu verursachen und andere zu verletzen.
36	Es kommt vor, dass ich Hassgefühle gegenüber Menschen empfinde, die ich eigentlich lieben sollte.
32	Ich habe starke Angst, eine schlechte Mutter oder ein schlechter Vater zu sein.
31	In meiner Wohnung muss alles an seinem Platz sein, sonst habe ich Angst, dass sich das Chaos ausbreitet.
30	Wenn ich gereizt bin, halte ich mich von anderen fern, da ich befürchte, sonst auszurasten.
30	Ich habe manchmal das Gefühl, dass in mir etwas Böses schlummert.
30	Ich habe Angst davor, jemandem unabsichtlich Schmerzen zuzufügen.
25	Ich habe die Befürchtung, jemanden zu blamieren, obwohl ich das eigentlich nicht will.
24	Wenn ich Gott lästere, werde ich dafür bestraft.
18	Ich habe Angst, dafür bestraft zu werden, wenn ich schlecht über meine Eltern rede.
15	Ich befürchte, dass man mir böse Gedanken an der »Nasenspitze« ansieht.
15	Wenn ich ungewöhnliche sexuelle Gedanken habe, befürchte ich, pervers zu sein.
14	Ich habe Angst davor, überzureagieren und (meinen) Kindern gegenüber handgreiflich zu werden.
13	Ich denke oft darüber nach, ob ich, ohne es zu wollen, eine Sünde begangen haben könnte.

2.1.1.3 Was ist normal? – Umfrage Teil 3

Was schätzen Sie? Wie viele Menschen ohne Zwang bejahten die folgenden Aussagen?

Tab. 2.7

%	Perfektion, Kontrolle und Sammeln
?	Es ist mir sehr wichtig, dass mich andere für intelligent halten.
?	Manchmal kann ich mich nicht erinnern, den Wecker gestellt zu haben und schaue noch einmal nach.
?	Häufig befürchte ich, etwas Falsches zu sagen, sodass andere mich für dumm halten.
?	Bevor ich in den Urlaub fahre, überprüfe ich mehrmals, ob ich alle elektrischen Geräte auch wirklich ausgestöpselt habe.
?	Ich habe Gewissensbisse, auch bei Bagatellen oder längst zurückliegenden Episoden in meinem Leben.
?	Ich vergewissere mich bei anderen, ob ich etwas richtig gemacht habe, obwohl ich das eigentlich selbst weiß.
?	Ich versichere mich mehrmals, ob ich meinen Haustürschlüssel eingesteckt habe, bevor ich das Haus verlasse.
?	Auch wenn ich mich erinnern kann, mein Auto abgeschlossen zu haben, überprüfe ich die Türen häufig nochmals.
?	Ich horte Dinge, von denen ich eigentlich weiß, dass sie nutzlos sind.
?	Ich verzeihe mir keine Fehler.
?	Wenn ich in Eile das Haus verlasse, kreisen meine Gedanken danach häufig darum, ob ich den Herd ausgeschaltet habe oder nicht.
?	Bevor ich meine Wohnung verlasse, räume ich sie auf.
?	Oft sorge ich mich, dass im Haus ein Feuer ausbrechen könnte, das ich verschuldet habe.
?	Es kommt vor, dass ich nach dem Zubettgehen noch einmal aufstehe, um elektrische Geräte zu kontrollieren.
?	Ich kann mich nur entspannen, wenn ich weiß, dass nichts Unvorhergesehenes passiert.
?	Beim Autofahren achte ich verstärkt auf ungewöhnliche Geräusche, da ich befürchte, aus Versehen ein Tier zu überfahren.

- **Ergebnisse einer eigenen Umfrage an 100 Personen ohne Zwang oder eine andere psychische Erkrankung zu Perfektion, Kontrolle und Sammeln**

Ängste, für dumm oder unzuverlässig gehalten zu werden, kennen die meisten Menschen.

Tab. 2.8

%	Perfektion, Kontrolle und Sammeln
84	Es ist mir sehr wichtig, dass mich andere für intelligent halten.
77	Manchmal kann ich mich nicht erinnern, den Wecker gestellt zu haben und schaue noch einmal nach.
67	Häufig befürchte ich, etwas Falsches zu sagen, sodass andere mich für dumm halten.
67	Bevor ich in den Urlaub fahre, überprüfe ich mehrmals, ob ich alle elektrischen Geräte auch wirklich ausgestöpselt habe.
65	Ich habe Gewissensbisse, auch bei Bagatellen oder längst zurückliegenden Episoden in meinem Leben.
62	Ich vergewissere mich bei anderen, ob ich etwas richtig gemacht habe, obwohl ich das eigentlich selbst weiß.
53	Ich versichere mich mehrmals, ob ich meinen Haustürschlüssel eingesteckt habe, bevor ich das Haus verlasse.
47	Auch wenn ich mich erinnern kann, mein Auto abgeschlossen zu haben, überprüfe ich die Türen häufig nochmals.
46	Ich horte Dinge, von denen ich eigentlich weiß, dass sie nutzlos sind.
43	Ich verzeihe mir keine Fehler.
37	Wenn ich in Eile das Haus verlasse, kreisen meine Gedanken danach häufig darum, ob ich den Herd ausgeschaltet habe oder nicht.
34	Bevor ich meine Wohnung verlasse, räume ich sie auf.
33	Oft sorge ich mich, dass im Haus ein Feuer ausbrechen könnte, das ich verschuldet habe.
29	Es kommt vor, dass ich nach dem Zubettgehen noch einmal aufstehe, um elektrische Geräte zu kontrollieren.
27	Ich kann mich nur entspannen, wenn ich weiß, dass nichts Unvorhergesehenes passiert.
16	Beim Autofahren achte ich verstärkt auf ungewöhnliche Geräusche, da ich befürchte, aus Versehen ein Tier zu überfahren.

2.1.2 Übergang von »normal« zu »zwanghaft«

Seit Langem herrscht unter Experten Einigkeit darüber, dass die Befürchtungen von Menschen, die unter Zwängen leiden (z. B. die Wohnung brennt ab, da die Kaffeemaschine angelassen wurde), auch bei Menschen ohne Zwänge vorkommen und an sich noch keinen Krankheitswert tragen. Einen »schlimmen« Gedanken zu haben ist normal! Unser Gehirn produziert mitunter Gedanken, die uns als unsinnig und ungewollt erscheinen. Wer kennt es nicht, auf einem hohen Turm zu stehen und den Gedanken zu haben: »Was ist, wenn ich hier jetzt herunterspringe?«

Das gesamte Spektrum von Gedanken und Gefühlen, das Betroffene peinigt, einschließlich Hass, ist auch gesunden Menschen vertraut: »Manchmal verspüre ich starke Wut gegenüber Menschen, die ich eigentlich sehr mag« (bejaht von 63 %); »Manchmal denke ich schlimme Sachen, die ich eigentlich nicht denken will« (bejaht von 48 %).

Jede der befragten Personen bejahte übrigens mindestens eine der auf den vorigen Seiten genannten Befürchtungen! Erst durch weitere Faktoren, die in den folgenden Abschnitten besprochen werden, führen derartige Befürchtungen zu Problemen in der Alltagsbewältigung, zu Leidensdruck und schließlich zu einer psychischen Erkrankung.

> Befürchtungen und »schlimme« Gedanken allein haben noch keinen Krankheitswert, sondern sind weitverbreitet

Noch normal?

2.1.3 Wieso redet kaum jemand darüber?

Wenn die eben genannten Befürchtungen so verbreitet sind, wieso redet dann kaum jemand darüber und gibt diese offen zu? Was könnten Gründe hierfür sein?

▶ Stopp! Denken Sie bitte erst über eine Antwort nach, bevor Sie weiterlesen!

■ Bewertung

Ein wesentlicher Grund, weshalb die meisten Menschen über ihre »schlimmen« Gedanken nicht reden, ist, dass ihnen die Absurdität der Gedanken bewusst ist und sie deshalb auch kein besonderes Maß an Angst, Schuld oder Anspannung verspüren! Zurück zum Turmbeispiel (»Was ist, wenn ich hier jetzt herunterspringe?«). Schon beim Abstieg vom Turm schweifen die Gedanken der meisten Menschen ab, und der Gedanke gerät schnell in Vergessenheit. Anders ist dies bei von Zwang Betroffenen: Sie stehen noch unter dem Eindruck des Angstgefühls: »Was war das nur für ein furchtbarer Gedanke? Wenn ich so etwas schon denke, werde ich das vielleicht auch ausführen? Kann ich mich noch auf mich selbst verlassen? Darf ich mich jemals wieder in eine solche Situation begeben?«

Eben noch am Rande des Abgrunds stehend wendet sich der Kopf sofort wieder anderen Gedanken zu. Die Erinnerung daran wird für Menschen ohne Zwang schnell zur kalten Gedächtnisspur, die keine Angst mehr auslöst

Menschen mit Zwängen bewerten meist (selbst)kritischer als andere Menschen

Scham, gesellschaftliches Tabu

Vor allem sexuelle Gedanken, aber auch Neid und Eifersucht, sind in weiten Teilen der Gesellschaft immer noch Tabuthemen. Wenn entsprechende Dinge doch zur Sprache gebracht werden, wirft das bei manchen Menschen die Frage auf, weshalb dieses Tabu gebrochen wurde, z. B. ob der Betreffende eventuell provozieren wollte. Daher sind viele Menschen in diesen Dingen nur bei wirklich guten Freunden ehrlich. Außerdem ist es allzu menschlich, sich in ein gutes Licht rücken zu wollen und negative Seiten zu verbergen.

Strenge Moral, Religion

Einigen Betroffenen wurde als Kind vermittelt, dass bestimmte Gedanken schmutzig, falsch oder auch gefährlich sind. In einigen religiösen und moralischen Texten wird in der Tat kein eindeutiger Unterschied zwischen einem bösen Gedanken und einer bösen Handlung gemacht. Ein bekannter Glaubenstext fängt z. B. wie folgt an: »Achte auf Deine Gedanken, denn sie werden Worte. Achte auf Deine Worte, denn sie werden Handlungen.« In diesem Zusammenhang sollte aber auch darauf hingewiesen werden, dass es auch viele religiöse Texte gibt, die anerkennen, dass es über die Natur des Menschen geht, nur gut zu sein, zu denken und zu handeln (»Wer ohne Schuld ist, der werfe den ersten Stein«). Selbst Heilige und einige der Jünger Jesu, also Ikonen und Vorbilder, begingen schwere Fehler oder wurden zu Sünden verleitet (z. B. betrog Jacob im Alten Testament seinen Bruder Esau etc.). Nach einem gemeinsamen Beschluss katholischer und islamischer Geistlicher sollen religiöse Zitate im Übrigen nicht aus dem Zusammenhang gerissen werden, da dies leicht zu Fehlinterpretationen führen kann. Wie insbesondere das Kapitel zu ▶ Denkverzerrung 2 (»Führen schlimme Gedanken zu schlimmen Taten?«) zeigen soll, existiert ein fundamentaler Unterschied zwischen Gedanken und Handlungen. Übertriebene Kontrolle und Überwachung der eigenen Gedanken durch einer Art innere Sittenpolizei – einer unserer Patienten sprach einmal treffend von einem »Foltergewissen« – bewirkt häufig das Gegenteil und facht die beängstigenden Gedanken weiter an.

Kennen Sie Ihren inneren Sittenwächter? Darf ich vorstellen: »Das ist...«

2.2 Übungen

2.2.1 Übung 1: Unmoral auch bei moralischen Vorbildern

Sie halten sich für besonders unmoralisch?

Recherchieren Sie im Internet, wie häufig moralische Autoritäten (z. B. Priester, Politiker) Fehlverhalten an den Tag gelegt haben. Denken Sie an zwei US-Präsidenten der jüngeren Geschichte: Bill Clinton mit der Lewinski-Affäre oder auch Barack Obama, der zugab, als Jugendlicher illegale Drogen genommen zu haben. Müssen wir diese beiden Staatsmänner deshalb verdammen?

Es geht hierbei nicht darum, prominente Menschen an den Pranger zu stellen oder deren Verhalten völlig zu entschuldigen. Aber: Irren ist menschlich, und wir alle begehen Fehler!

Wir sollten uns zwar an moralische Leitsätze halten, uns aber auch kleinere Übertretungen verzeihen. Moral und menschliche Natur sollten in Einklang gebracht werden. Hierauf kommen wir bei der Besprechung der nächsten Denkverzerrung noch einmal zurück.

Der ehemalige US-Präsident Bill Clinton

2.2.2 Übung 2: Zwischenmenschliche Beziehungen

- **Austausch**

Überlegen Sie, in welchen Bereichen Sie mit sich und/oder anderen besonders hart ins Gericht gehen. Überlegen Sie ausgehend von Übung 1, wie Sie eigene möglicherweise überzogene Moralvorstellungen hinterfragen können. Suchen Sie das Gespräch mit Vertrauenspersonen. Wenn Sie Ängste haben, sich Freunden direkt anzuvertrauen, wählen Sie den Austausch über das Internet, z. B. mit anderen Betroffenen (Empfehlung: Diskussionsforen auf http://www.zwangserkrankungen.de, http://www.zwaenge.de).

- **Grenzen setzen**

Jemand redet auf einer Party oder Familienfeier auf Sie ein oder unterbricht Sie ständig. Verschaffen Sie sich freundlich, aber bestimmt Gehör (»Ich habe noch nicht zu Ende geredet «; »Ich würde dazu auch gerne mal etwas sagen«) oder suchen Sie sich einen rücksichtsvolleren Gesprächspartner. Setzen Sie Ihr Wohlbefinden an erste Stelle. Das ist schließlich auch Ihre Feier.

Sagen Sie zu einem Freund, der Sie um einen zu weit reichenden Gefallen bittet, auch mal *nein*, z. B. wenn Sie für ihn lügen sollen. Sie gefährden damit nicht gleich die Freundschaft. Ein echter Freund erwartet in der Regel sogar von Ihnen, dass Sie ihm respektvoll, aber ehrlich sagen, was Sie denken, und auch danach handeln.

Akzeptanz statt Aktionismus

Wie am Anfang des Kapitels beschrieben, regiert der Zwang das Leben Betroffener häufig mit mittelalterlich anmutender Strenge. Bereits auf geringste Missachtungen moralischer Gebote oder Grundsätze steht im übertragenen Sinne der Pranger oder Schuldturm. Jeder Verstoß wird umgehend geahndet oder zumindest negativ kommentiert. Häufig trifft dies die eigene Person, manchmal auch andere Menschen. Die folgenden Informationen und Übungen zielen darauf ab, ein wenig mehr Gelassenheit, Nachsicht und Verständnis für sich selbst zu üben. So können Sie obendrein wertvolle Energie sparen und sich den wirklich wichtigen Dingen im Leben zuwenden. Hierfür ist es zunächst hilfreich, kritische Situationen anhand der Koordinaten »Wichtigkeit« und »Einfluss« einzuteilen. Aufwand und Nutzen sollten in einem günstigen Verhältnis stehen. Handeln sollten wir also nur dann, wenn etwas wirklich, wirklich wichtig ist und wir auch eine reale Einflussmöglichkeit auf die Situation besitzen (z. B. einen Streit mit einem Freund schlichten). Obwohl dies der menschlichen Natur widerstrebt, ist es in vielen Fällen ratsam und vor allem gesünder, nicht einzugreifen und Dinge so zu akzeptieren, wie sie sind.

Zunächst ein Extrembeispiel, um Ihnen das Konzept der Akzeptanz näher zu bringen: Gegen den eigenen Tod, abnehmende Leistungskraft und Gebrechlichkeit im Alter können wir praktisch nichts unternehmen. Klar, wir können versuchen bis ins hohe Alter Sport zu treiben und unser Gehirn durch geistige Beschäftigung fit zu halten, aber am prinzipiellen Lauf des Lebens können wir nicht wirklich etwas verändern – auch wenn wir uns noch so abmühen. Wir müssen uns unserem Schicksal fügen. Mehr Dinge, als wir zuzugeben bereit sind, entziehen sich weitestgehend unserer Kontrolle, und wir müssen lernen, sie zu akzeptieren bzw. dosiert und angemessen zu reagieren. Häufig verschwenden wir zu viel Energie und vor allem gute Laune bei dem Versuch, Situationen zu verändern, die unwichtig oder kaum änderbar sind, oder aber gegen eigene Gefühle und Gedanken anzukämpfen, die in bestimmten Situationen ausgelöst werden. Akzeptanz bedeutet aber nicht Tatenlosigkeit. Ein weiteres Beispiel: Sie haben dieses Buch wahrscheinlich gekauft, da Sie unter einem Zwang leiden und etwas verändern wollen. Das ist auch gut so. Bei aller Veränderungsmotivation kann es hilfreich sein, gleichzeitig zu akzeptieren, dass der Zwang ein Teil Ihres Lebens ist (oder war), es einmal »gute Gründe« dafür gab, warum Sie ihn entwickelt haben, und dass unter Stress oder ungünstigen Umständen bestimmte Symptome wieder auftauchen können (wie wir in ▶ Denkverzerrung 12 noch zeigen werden, befinden Sie sich da übrigens in guter Gesellschaft: Viele Menschen leiden zumindest einmal im Leben an einer psychischen Störung). Das Hadern mit Tatsachen oder das Ankämpfen gegen innere Erlebnisse (Gedanken, Gefühle) frisst wichtige Ressourcen, bringt Sie Ihren

Akzeptanz heißt, Realitäten (äußere und innere) anzunehmen, mit dem Ziel, Ihre begrenzte Kraft für solche Lebensfelder zu schonen, um die es sich wirklich zu kämpfen lohnt

persönlichen Zielen (z. B. ein selbstbestimmtes, zufriedenes Leben zu führen) aber keinen Schritt näher.

Akzeptanz heißt nicht aufgeben, sondern hilft die Kräfte auf wichtige Ziele zu bündeln

Ein anderes, weniger dramatisches Beispiel zur Veranschaulichung: Stellen Sie sich vor, der Frühling ist hereingebrochen. Sie unternehmen eine Fahrradtour und kommen zu einem Ausflugslokal, was aufgrund des guten Wetters völlig überfüllt ist. Sie bekommen zwar relativ schnell einen Platz, aber das bestellte Getränk lässt lange auf sich warten. Später gelingt es Ihnen nicht, Blickkontakt mit dem Kellner wegen der Rechnung aufzunehmen. Sie ärgern sich zunehmend über sich selbst, dass Sie überhaupt so blöd waren, sich in das Café zu setzen. In einer solchen Situation hätten Sie eventuell typischerweise die Flucht ergriffen, das Geld einfach auf den Tisch gelegt und zu Hause weiter gegrübelt. Statt sich den schönen Frühlingstag vergällen zu lassen oder die Begebenheit als typische Sequenz Ihres »Lebensfilms« zu betrachten (»man übersieht mich«, »wieso handele ich nicht cleverer?«, »man respektiert mich nicht«, »ich kann mich nicht durchsetzen«), wäre es nicht besser, einfach den schönen Tag zu genießen und dem Treiben im Café zuzuschauen? Gibt es neue Modetrends, wer hat noch Winterklamotten an, ist Aperol Spritz endlich out?

Gnade vor Recht walten zu lassen, gilt auch und gerade für Sie selbst

Versuchen Sie, sowohl Dinge bei anderen zu akzeptieren als auch bei sich selbst. Nehmen Sie sich alle paar Tage bewusst vor, »Milde walten zu lassen« (▶ Abschn. 2.2.3). Ändern Sie die angesprochene mitleidslose Rechtsprechung des Zwangs und seien Sie gnädiger – vor allem mit sich selbst. Ein weiteres Beispiel: Sie haben gerade viel um die Ohren und vergessen, einem Kollegen eine Nachricht auszurichten. Klar, wäre besser nicht passiert, aber irren ist nun einmal menschlich. Statt sich tausendmal zu entschuldigen (einmal reicht!) oder im Geiste durchzugehen, wie Ihnen das nur passieren konnte, haken Sie es ab und legen Sie sich nicht auf die Lauer, jetzt bei sich nach Anzeichen allgemeiner Vergesslichkeit oder sogar Demenz zu suchen.

Noch ein Beispiel: Wenn sich Ihre Mutter am Telefon nicht nach Ihrem Befinden erkundigt, obwohl es Ihnen gerade schlecht geht, sondern unaufhörlich von ihren Wehwehchen redet, probieren Sie aus, dies einmal mit einem leichten Lächeln hinzunehmen. Mit 70 Jahren wird man sie schwerlich ändern – sie hat andere gute Seiten. Wenn bei Ihnen Ärger aufkommt – auch das ist okay – verurteilen Sie sich nicht für dieses Gefühl – auch dies würde wieder unnötige Energie kosten (siehe »Teufelskreis: Aggression – Schuld – Enttäuschung« in ▶ Abschn. 2.2.3).

Gefühle ≠ Realität. Lernen Sie, alle Ihre Gefühle zu akzeptieren. Dies bedeutet nicht automatisch, diesen Gefühlen zuzustimmen oder danach zu handeln

Oft haben wir Mischgefühle (z. B. Enttäuschung, wenn z. B. ein Freund Ihnen nicht helfen kann bei einer Arbeit, gleichzeitig aber auch Verständnis). Unsere Freunde sind uns wichtig, und wir würden nie mit ihnen brechen wollen. Andererseits ärgern wir uns kolossal über bestimmte Macken (z. B. dass wir nicht informiert wurden, wenn ein guter Freund für vier Wochen im Urlaub ist, oder dass ein Bekannter Bürogeschichten erzählt, ohne die Personen einzuführen, als würde es sich um eine allgemein bekannte Fernsehserie handeln, bei der man alle Staffeln gesehen haben muss). Auch dieses Gefühl ist in Ordnung – heißt aber nicht unbedingt, dass Sie auch danach handeln müssen. Wenn Sie in der Vergangenheit angesprochen haben, was Sie stört, und sich dadurch nichts verändert hat, die Freundschaft Ihnen aber weiterhin wichtig ist, so üben Sie sich darin, darüber hinwegzusehen, bzw. akzeptieren Sie das Verhalten des Freundes als »menschliche«, vielleicht »allzu menschliche« Macke, aber akzeptieren Sie auch gleichzeitig auftretende negative Gefühle, die es bei Ihnen auslöst. Beobachten Sie, wie sich Ihre Gefühle verändern.

2.2.3 Übung 3: Milde walten lassen

Tragen Sie in das ▶ Arbeitsblatt 3 diejenigen Situationen ein, in denen Sie versuchen möchten, anders als gewohnt zu reagieren, indem Sie unwichtige oder recht unvermeidliche Dinge akzeptieren, anstatt sich gleich aufzuregen, sich oder andere zu verurteilen oder dagegen anzukämpfen.

Ihre Energieressourcen sind zu wertvoll, um sie weiter zu verschwenden

Machen Sie eine Art kleinen Sport draus. Versuchen Sie jeden Tag bei einigen Dingen, die Sie normalerweise streng verurteilen oder auf die Palme bringen, souverän milde zu reagieren, und erfreuen Sie sich daran, Energie zu sparen und Zeit auf wichtigere Dinge oder Gedanken verwenden zu können. Ihre Fingernägel und Ihr Blutdruck werden es Ihnen danken (▶ Arbeitsblatt 3).

Der Kampf des Ritters Don Quijote gegen Windmühlen versinnbildlicht den Kampf des Menschen auf sinnlosen Nebenkriegsschauplätzen

- **Akzeptanz**

  Folgende Dinge möchte ich lernen, an mir und an anderen zu akzeptieren:
  - **Ich:**
    - Ich möchte mit meinen Problemen besser umgehen lernen, aber akzeptieren, dass es Rückschläge geben wird.
    - Ich kann nicht immer gut einschlafen und bin am nächsten Morgen vielleicht etwas schlapp. Ist eben so.
    - Ich bin heute schlecht drauf.
    - Ich werde manchmal ärgerlich auf Personen, die mir viel bedeuten.
  - **Andere:**
    - Nicht jeder versteht meine Zwangsstörung und meine besonderen Probleme.
    - Meine Freundin hat ein etwas nerviges und lautes Organ, weder sie noch ich können das ändern.
    - Nicht allen meinen Freunden ist Verbindlichkeit und Pünktlichkeit so wichtig wie mir. Es ist okay, wenn ich enttäuscht bin, aber es hilft mir nichts, wenn ich mich zurückziehe.

- **Teufelskreis: Aggression – Schuld – Enttäuschung**

Viele Menschen mit Zwängen stauen Ärger auf. Dieser wird durch hohe moralische Ansprüche an sich selbst und andere, aber auch durch Durchsetzungsschwierigkeiten gefördert

Die folgenden Aussagen werden von Betroffenen häufiger als von Menschen ohne Zwänge bestätigt: »Oft habe ich regelrecht Hassgefühle gegenüber Menschen, die ich eigentlich lieben sollte«, »Ich fühle mich Freunden/Verwandten nicht so verbunden, wie ich nach außen tue« (unterschwellige Aggression).

1. Wut, Aggression
in Folge (erlebter) mangelnder Rücksichtnahme durch andere; (empfundene) Benachteiligung in der Familie; Rückstau von Ärger durch mangelnde Äußerung und überhöhte moralische Standards; Durchsetzungsschwierigkeiten

Versuch, die Aggression zu unterdrücken, was diese weiter verstärkt

2. Schuldgefühle, Gewissensbisse, Selbsthass
zum Beispiel wegen eines Wutausbruchs oder Hassgefühlen, da die eigenen strengen Moralvorstellungen oft keine negativen Gefühle tolerieren (insbesondere nicht gegenüber der Familie)

3. Versuch der Wiedergutmachung
durch übertriebene Entschuldigung, Fürsorge, Geschenke, Aufmerksamkeit oder Rituale will der Betroffene seine Umwelt und sich selbst davon überzeugen, dass er »gut« oder moralisch ist

4. »Ungeschehen Machen« funktioniert nicht, Frustration stellt sich ein!
zum Beispiel weil andere die übermäßige Fürsorge nicht in der erhofften Weise erwidern; da der Grundkonflikt nicht gelöst ist, keimt der Ärger oft erneut auf …

Teufelskreis aus Aggression, Schuld und Enttäuschung

Andererseits bejahen Betroffene in Studien häufiger als Menschen ohne Zwänge Aussagen wie: »Ich mache mir häufig Sorgen um das Wohl meiner Freunde« oder »Ich habe Schuldgefühle, wenn ich einem Freund eine Botschaft nicht ausgerichtet habe« (Moral/übermäßige Verantwortung).

Diese widerstreitenden Gefühle verstärken sich meist im Laufe der Erkrankung und können in einem Teufelskreis münden.

Einerseits sollten negative Gefühle sozial kompetent ausgedrückt oder angesprochen werden; blinde Wut verstärkt das Problem nur, indem Gegenaggression erfolgt oder sich Schuldgefühle einstellen. Andererseits müssen übertriebene Moralvorstellungen hinterfragt werden, welche oft auf einer entsprechenden Erziehung oder auf kindlichen Verallgemeinerungen beruhen (z. B. der Irrglaube eines Kindes, die Eltern hätten sich nur deshalb getrennt, weil es nicht artig war), die sich seither tief in Bewusstsein und Verhalten gefressen haben.

Eine nachhaltige Lösung des Aggression-Übermoral-Dilemmas muss an beiden Polen ansetzen

Negative Gefühle oder auch mal ein böses Wort gegenüber geliebten Menschen – z. B. den Eltern oder den eigenen Kindern – sind keine Todsünden, sondern allzu menschlich und entschuldbar.

Viele Zwangsgedanken handeln von Aggression und Tod (z. B. jemand könnte zu Schaden kommen oder sterben) und führen zu großer Seelenqual. Neigen Menschen mit Zwang also vielleicht doch zu Aggression und Gewalt? Nein! Aggressive Zwangsgedanken können als eine Art Abfallprodukt innerer, teilweise ungelöster Konflikte (oft mit engen Bezugspersonen) verstanden werden, deren Zersetzungskette noch nicht völlig entschlüsselt ist. Man weiß jedoch, dass von Menschen mit Zwängen keine reale Gefahr ausgeht. Ansonsten hätten sich Zehntausende von Psychotherapeuten der Anstiftung einer Straftat schuldig gemacht, indem sie Betroffene bei der Konfrontationsbehandlung ermutigten, sich ihren aggressiven Impulsen zu stellen (▶ Denkverzerrung 4).

Trauen Sie sich, sich durchzusetzen

2.2.4 Übung 4: Aggressionsbewältigung

- **Streit ansprechen und austragen**

Zwischen Ihnen und einem Freund herrscht Funkstille wegen eines alten Konfliktes? Nehmen Sie Kontakt auf und sprechen Sie den Streit an. Sagen Sie, was Sie gestört hat, aber überziehen Sie die Kritik nicht. Sonst laufen Sie Gefahr, »die Schlacht zu gewinnen, aber den Krieg zu verlieren«. Beziehen Sie sich auf konkrete Situationen, sprechen Sie in der Ich-Form (»Ich war traurig, dass Du auf der Silvesterparty kaum ein Wort mit mir gewechselt hast« statt »Jeder hat mitbekommen, dass Du mich ignoriert hast«) und vermeiden Sie Verallgemeinerungen (»Das machst Du immer. Das zeigt mal wieder, wie egoistisch Du bist«). Erwarten Sie nicht, dass Ihnen in allem zugestimmt wird, und bauen Sie eventuell »goldene Brücken«, indem Sie auch eigene Fehler einräumen! Äußern Sie Wünsche oder Erwartungen direkt. Gehen Sie nicht davon aus, dass der andere Ihre Gedanken errät.

- **Kühlen Kopf bewahren**

Weiterhin ist es ratsam, eine gewisse Zeit verstreichen zu lassen, bevor man auf eine Situation reagiert, deren Konsequenzen nicht leicht zu überblicken und möglicherweise folgenschwer sind. Bevor Sie z. B. einem Freund oder Arbeitgeber eine ärgerliche Antwort auf eine E-Mail schreiben, die Sie verletzt oder erbost hat: Schlafen Sie eine Nacht darüber. Mit einem kühlen Kopf werden die Dinge oft relativiert und in ein anderes Licht getaucht.

»Das habe ich gut gemacht!«

2.2.5 Übung 5: Akzeptanz und Wertschätzung für sich selbst und andere

- **Sich selbst loben**

Ein häufiges Problem bei Menschen mit Zwängen ist der innere Fokus auf Fehler und Unzulänglichkeiten. Wechseln Sie die Blickrichtung: Schreiben Sie eine Zeit lang regelmäßig (z. B. jeden Abend) Anlässe auf, bei denen Sie anderen – aber auch sich selbst – Gutes getan haben (z. B. Fahrradreifen geflickt; kranke Tante besucht; etwas gespendet; jemanden in einem Selbsthilfe-Internetforum getröstet; sich selbst nach einem Rückschlag wieder Mut zugesprochen) oder sagen Sie sich laut: »Das habe ich gut gemacht!« (▶ Arbeitsblatt 4). Mangelndes Selbstwertgefühl und Strategien zur Steigerung der Selbstachtung werden später bei ▶ Denkverzerrung 13 (Selbstzweifel und Depression) eingehender thematisiert.

Eigenlob stinkt? Bestimmt nicht bei Menschen, die sonst hart mit sich ins Gericht gehen!

▪ Körperlicher Ausgleich

Suchen Sie sich einen Ausgleich, um von Zeit zu Zeit Dampf abzulassen, z. B. Sport oder strammes Spazierengehen. Das löst zwar keine Konflikte, nimmt aber so manchem Groll die Spitze. Gleichzeitig werden durch Ausdauersport im Körper chemische Prozesse angestoßen, die wie »körpereigene Antidepressiva« wirken. Sport wirkt also nicht nur ausgleichend, sondern auch stimmungsaufhellend.

Abbildungsnachweis

Die Rechteinhaber der Abbildungen sind in der Abfolge ihrer Darstellung aufgeführt. Den gesamten Abbildungsnachweis zu diesem Werk finden Sie unter http://extras.springer.com/.

1. SheilaTostes: toc. http://www.flickr.com/photos/sheilatostes/2436602433/. Zugegriffen: 08.10.2015
2. circo de invierno ~: Silence (Blue version). http://www.flickr.com/photos/circo_de_invierno/2714517022/. Zugegriffen: 08.10.2015
3. ~Xu: Hiding. http://www.flickr.com/photos/xu_99/2773843737/. Zugegriffen: 08.10.2015
4. macieklew: Church tower. http://www.flickr.com/photos/macieklew/415909370/. Zugegriffen: 08.10.2015
5. Center for American Progress Action Fundnter for American Progress Action Fund: President Clinton. https://www.flickr.com/photos/americanprogressaction/4526009743/. Zugegriffen: 08.10.2015
6. wsilver: Devil or Angel. http://www.flickr.com/photos/psycho-pics/2819404847/. Zugegriffen: 08.10.2015
7. Isengardt: The red umbrella. https://www.flickr.com/photos/isengardt/10049113893/. Zugegriffen: 08.10.2015
8. Rocco Lucia: Desaforados gigantes [Windmills]. https://secure.flickr.com/photos/foxtwo/4411694766/. Zugegriffen: 08.10.2015
9. Grafik der Autoren
10. Lincolnian: The Clenched Fist. http://www.flickr.com/photos/lincolnian/582001739/. Zugegriffen: 08.10.2015
11. Dtydontstop: SnowmanHead. http://www.flickr.com/photos/59926361@N00/3247286614/. Zugegriffen: 08.10.2015
12. whiskymac: Family Medals. http://www.flickr.com/photos/whiskymac/2354596882/. Zugegriffen: 08.10.2015

Weiterführende Literatur

Moritz S, Wahl K, Ertle A, Jelinek L, Hauschildt M, Klinge R, Hand I (2009) Neither saints nor wolves in disguise: ambivalent interpersonal attitudes and behaviors in obsessive-compulsive disorder. Behav Modif 33: 274–292

Salkovskis PM (1985) Obsessional-compulsive problems: A cognitive-behavioural analysis. Behav Res Ther 23: 571–583

Salkovskis PM (1989) Cognitive-behavioural factors and the persistence of intrusive thoughts in obsessional problems. Behav Res Ther 27: 677–682

Salkovskis PM, Harrison J (1984) Abnormal and normal obsessions – a replication. Behav Res Ther 23: 571–584

Denkverzerrung 2: Führen schlimme Gedanken zu schlimmen Taten? Denken ≠ Handeln

Steffen Moritz, Marit Hauschildt

3.1   Einführung ins Thema   – 43
3.1.1   Wer Böses denkt, tut auch Böses?   – 43

3.2   Übungen   – 45
3.2.1   Übung 1: Können Gedanken Dinge bewegen?   – 45
3.2.2   Übung 2: Magisches Denken   – 46
3.2.3   Übung 3: Auf den Spuren Uri Gellers…   – 48
3.2.4   Übung 4: Gedanken-Handlungs-Verschmelzung   – 49

Abbildungsnachweis   – 50

Weiterführende Literatur   – 50

3.1 Einführung ins Thema

3.1.1 Wer Böses denkt, tut auch Böses?

› Stimmt das?

Gedanken sind zunächst einmal nur Gedanken und sollten nicht mit festen Absichten, Wünschen oder gar Taten gleichgesetzt werden

▪ Du bist nicht der Gedanke!

Schlimme Gedanken führen zu schlimmen Taten? Nicht unbedingt!

- Bis zu 20 % aller Menschen denken mindestens einmal im Leben an Selbstmord, aber die wenigsten setzen diesen Gedanken in die Tat um. Ähnliches gilt für Gedanken an Delikte wie Diebstahl.
- Im Medienzeitalter und bei der ständigen Konfrontation mit beunruhigenden Nachrichten und Bildern ist es unmöglich, nur »reine«, »unschuldige« Gedanken zu hegen. Das Aufflackern dieser Bilder im »Kopfkino« bedeutet nicht, dass wir hiervon fasziniert sind oder sie gar befürworten, sondern spiegelt zunächst nur ihre Verarbeitung wider.
- Manchmal kann sich Ärger auch in unseren Gedanken Luft machen, z. B. dem Chef im Geiste die Meinung zu geigen – solche Gedanken reduzieren sogar die Wahrscheinlichkeit von ausgelebter Aggression (siehe Teufelskreis der Aggression bei ▶ Denkverzerrung 1)!
- Autoren von Krimis oder Horrorgeschichten haben zwar eine blühende und teilweise blutrünstige Fantasie, sind aber sehr selten Mörder (unrühmliche Ausnahme: Jack Unterweger). Viele von ihnen haben durch ihre frühere Arbeit Belastendes erlebt, das sie in den Romanen aufgreifen und verarbeiten (z. B. die Schriftstellerinnen Tess Gerritsen und Patricia Cornwell, die in der Medizin bzw. für Gerichte gearbeitet haben).

Bücher der Krimiautorin Tess Gerritsen, die lange als Ärztin arbeitete

3.2 Übungen

3.2.1 Übung 1: Können Gedanken Dinge bewegen?

Bitte nehmen Sie eine Feder oder einen anderen sehr leichten Gegenstand wie z. B. ein Blatt Papier und legen Sie diesen vor sich auf eine Tischplatte.

Versuchen Sie nun, diesen Gegenstand allein mit Ihren Gedanken in eine bestimmte Richtung zu bewegen (▶ Arbeitsblatt 5, Seite 1)!

▶ **Stopp! Bitte führen Sie erst die Übung durch, bevor Sie weiterlesen!**

Können Gedanken Dinge bewegen? **Nein!**

Der Irrglaube, Menschen oder Dinge ausschließlich durch die Kraft der eigenen Gedanken positiv oder negativ beeinflussen zu können, findet sich häufig bei Menschen mit Zwängen und wird – ein wenig umständlich – als **Gedanken-Handlungs-Verschmelzung** bezeichnet.

Drei Arten der Verschmelzung werden unterschieden:

> Sie können selbst einen so leichten Gegenstand wie eine Feder nicht kraft Ihrer Gedanken von der Stelle bewegen!

- **Gedanken-Handlungs-Verschmelzung im engeren Sinne (Typ 1)**

Gedanken setzen automatisch Handlungen in Gang oder werden mit diesen sogar gleichgesetzt. Beispiel: Der Gedanke, ich könnte meinen Kindern etwas antun, wird unweigerlich dazu führen, dass ich es in die Tat umsetze.

- **Gedanken-Objekt-Verschmelzung (Typ 2)**

Gedanken können Objekte verändern. Beispiel: Ein anstößiger Gedanke während eines Gottesdienstes könnte die Kirche entweihen.

- **Gedanken-Ereignis-Verschmelzung (Typ 3)**

Gedanken beeinflussen Ereignisse. Beispiel: Ein schlimmer Gedanke oder die Unterlassung eines Rituals könnte einen Unfall herbeiführen.

3.2.2 Übung 2: Magisches Denken

Viele Betroffene wissen eigentlich, dass ihre Gedanken äußere Dinge nicht beeinflussen können. Ein gewisser Zweifel bleibt aber häufig bestehen. Wiederholen Sie daher den Versuch mit der Feder.

Ihnen bleiben Zweifel? Fordern Sie Ihr Denken weiter heraus. Der Zwang ist ein Meister der Illusion… aber ein äußerst schlechter »Wahrsager«

Versuchen Sie außerdem Folgendes (▶ Arbeitsblatt 5, Seite 2):
- Sagen Sie die Karten eines gemischten Kartenstapels exakt voraus.
- Erraten Sie, an welche Zahl von 1 bis 100 ein Freund gerade denkt.
- Sagen Sie die kommenden Bundesligaergebnisse exakt voraus.
- Entfernen Sie einen Fleck an der Wand mittels Ihrer Gedanken.
- Versuchen Sie, einem anderen Menschen per Gedankenübertragung einen Satz einzugeben, den dieser sodann ausspricht.
- Lenken Sie Körperbewegungen von anderen Personen.

Sie finden das albern und wissen bereits, dass das nicht klappt?

Machen Sie es dennoch, um sich zu überzeugen, dass Sie dazu wirklich nicht imstande sind. Übrigens sind solche »magischen Gedanken« nicht ungewöhnlich. Schauen Sie sich hierfür nochmals die Ergebnisse unserer Befragung an psychisch gesunden Menschen zu »Magisches Denken und Aberglauben« in ▶ Denkverzerrung 1 an (▶ Abschn. 2.1.1).

Übungen

Exkurs

Löffel verbiegen

Sie haben im Fernsehen gesehen, wie Uri Geller oder andere Magier kraft ihrer Gedanken Löffel verbogen? Können Gedanken also vielleicht doch Objekte und Personen direkt beeinflussen? Haben zumindest einige Menschen diese besondere Fähigkeit?

Diese angebliche Magie beruht auf einfachen Tricks. Wer noch Zweifel hat, sollte sich die äußerst unterhaltsamen DVDs von »Gerry & Banachek« oder Filmclips im Internet anschauen, die schrittweise erklären, wie man die Illusion erzeugt, Löffel oder anderes Besteck mit Gedanken zu verformen oder sogar zu brechen.

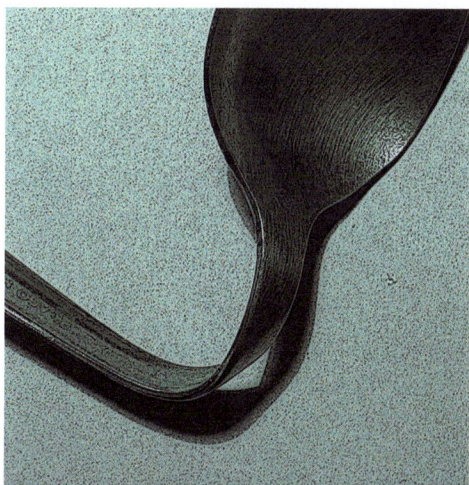

Löffel verbiegen leicht gemacht mit Gerry & Banachek

3.2.3 Übung 3: Auf den Spuren Uri Gellers…

Die folgende Übung ist inspiriert von einer Folge der mittlerweile eingestellten »Oliver Pocher Show«. Oliver Pocher macht sich hierin über eine Castingshow von Uri Geller (bekannt geworden als »Löffelverbieger«) lustig, in der sogenannte Mentalisten ihre Künste vorführen. Also: Gedanken lesen, Gedanken eingeben, Dinge beeinflussen etc. Wie schon beschrieben, beruhen diese Techniken oftmals auf verblüffend einfachen Tricks. Oliver Pocher verkleidet sich in dieser Folge als Zauberkünstler, und unter viel Hokuspokus und gespielter geistiger Anstrengung vollführt er eine Reihe von »Kunststücken«: Beispielsweise schiebt er eine imaginäre Tür in der Luft auseinander und teleportiert seine Kraft auf eine sich vor ihm befindende automatische Schiebetür (… nachdem er gleichwohl den Kontakt ausgelöst hat) oder hebt einen Fahrstuhl in die Höhe (der allerdings mit Leuten gefüllt ist, von denen, genau richtig erkannt, längst einer den Knopf gedrückt hat).

Jetzt sind Sie am Zug. Nehmen Sie Ihren Zwang ein wenig auf die Schippe. So banal es klingt: Humor lässt vieles in anderem Licht erscheinen… auch Zwangsgedanken

Wenn Ihr Zwang einen kleinen Scherz vertragen kann, dann machen Sie sich ebenfalls den Spaß und »veranlassen« Dinge, die sowieso eingetreten wären. Zum Beispiel der Kuckucksuhr befehlen, dass der Kuckuck zur vollen Stunde herauskommt. Oder nähern Sie sich einer stehenden Rolltreppe, sagen Sie eine Zauberformel und setzen Sie die Treppe damit in Bewegung (aber nicht vergessen, den Kontakt auszulösen…). Spielen Sie Supermann und zerren Sie eine imaginative schwere Tür auseinander, während Sie sich einer automatischen Schiebetür (z. B. am Flughafen) nähern. Was soll das bringen? Indem Sie sich auf eine humorvolle Weise Ihren Befürchtungen stellen, nimmt die latente Sorge, über schreckliche paranormale Fähigkeiten zu verfügen, ab. Das ohnehin schon brüchige Gefühl, dass man wirklich diese Macht besitzt, wird weiter erschüttert, indem sich die Angst mit anderen Gefühlen wie Heiterkeit mischt.

Mit Hokuspokus magische Gedanken vertreiben!

3.2.4 Übung 4: Gedanken-Handlungs-Verschmelzung

Wenn Sie das Gefühl haben, dass Ihre Gedanken imstande sind, Dinge zu verändern, führen Sie folgende »leichte« Aufgaben aus:

- **Bei Gedanken-Handlungs-Verschmelzung im engeren Sinne (Gedanken veranlassen Handlungen)**

Versuchen Sie in der entsprechenden Situation, Folgendes mental zu veranlassen: Eine alte Dame wirft auf der Straße spontan ihre Gehhilfe weg; ein Mann reißt sich sein T-Shirt vom Leib; Ihr Gesprächspartner sagt spontan das Wort »flussabwärts« (▶ Arbeitsblatt 6, Seite 1).

Lernen Sie, die Gedanken-Handlungs-Verschmelzung zu durchbrechen!

- **Bei Gedanken-Objekt-Verschmelzung (Gedanken verändern Objekte)**

Versuchen Sie, Objekte wie folgt mental zu verändern: Ein Auto umfärben; dafür sorgen, dass eine Statue einen Arm verliert; aus Wasser Cola machen; eine Ampel auf die Farbe Blau wechseln lassen; einen Hydranten vergrößern; aus Scherben wieder eine Flasche zusammensetzen (▶ Arbeitsblatt 6, Seite 2).

- **Bei Gedanken-Ereignis-Verschmelzung (Gedanken beeinflussen Ereignisse)**

Versuchen Sie in Gegenwart der entsprechenden Objekte, Folgendes mental zu veranlassen: Die Alarmhupe eines Autos aktivieren; den Sekundenzeiger einer Uhr zum Stehen bringen; einen Ventilator in Gang setzen; ein Fenster öffnen; einen Vogel an einer bestimmten Stelle landen lassen (▶ Arbeitsblatt 6, Seite 3).

Ziel der Übung ist es, einerseits zu zeigen, dass Ihre Gedanken nicht so mächtig sind, wie es Ihnen oft erscheint, und andererseits den Fokus der Sorge zu verlagern, ohne gleichzeitig Zwangsgedanken zu unterdrücken oder die Situation zu vermeiden (beide Strategien verstärken nur das Problem; dazu kommen wir später noch).

Zufallstreffer sind bei einigen Übungen möglich. Führen Sie daher eine Strichliste. Falls eine Vorhersage doch einmal eintreffen sollte, schauen Sie nach, wie häufig Sie bei anderen Vorhersagen vorher falsch lagen.

Eine Strichliste hilft, Zufallstreffer zu entlarven

Abbildungsnachweis

Die Rechteinhaber der Abbildungen sind in der Abfolge ihrer Darstellung aufgeführt. Den gesamten Abbildungsnachweis zu diesem Werk finden Sie unter http://extras.springer.com/.

1. Clearly Ambiguous: Hear, See, Speak, Do, No Evil. http://www.flickr.com/photos/clearly-ambiguous/399170942/. Zugegriffen: 08.10.2015
2. basykes: Gerritsen Orgy. http://www.flickr.com/photos/basykes/2589933149/. Zugegriffen: 08.10.2015
3. treehouse1977: Feather 1. http://www.flickr.com/photos/treehouse1977/2892417805/. Zugegriffen: 08.10.2015
4. Chris Tomneer Aka Pseudo: Le magicien. http://www.flickr.com/photos/chris_tomneer/3939829019/. Zugegriffen: 08.10.2015
5. P/\UL: Bended. http://www.flickr.com/photos/marxalot/475474385/. Zugegriffen: 08.10.2015
6. jimmyharris: Pauline lifting our transport. http://www.flickr.com/photos/jimmyharris/3858368342/. Zugegriffen: 08.10.2015

Weiterführende Literatur

Bocci L, Gordon P (2007) Does magical thinking produce neutralising behaviour? An experimental investigation. Behav Res Ther 45: 1823–1833

Freeston MH, Rheaume J, Ladouceur R (1996) Correcting faulty appraisals of obsessional thoughts. Behav Res Ther 34: 433–446

Goods NAR, Rees CS, Egan SJ, Kane RT (2014) The relationship between magical thinking, inferential confusion and obsessive-compulsive symptoms. Cogn Behav Ther 43: 342–350

Rees CS, Draper M, Davis M (2010) The relationship between magical thinking, thought-action fusion and obsessive-compulsive symptoms. Int J Cogn Ther 3: 304–311

Shafran R, Rachman S (2004) Though-action fusion: a review. J Behav Ther Exp Psychiatry 35: 87–107

Shafran R, Thordarson DS, Rachman S (1996) Thought–action fusion in obsessive compulsive disorder. J Anxiety Disord 10: 379–391

Wengenroth M (2012) Therapie-Tools. Akzeptanz und Commitmenttherapie (ACT). Beltz, Weinheim

Denkverzerrung 3: Müssen die Gedanken dem eigenen Willen gehorchen? Die Gedanken sind frei!

Steffen Moritz, Marit Hauschildt

4.1   Einführung ins Thema   – 53
4.1.1   Gedanken sind voll steuerbar – stimmt das?   – 53
4.1.2   Negative Gedanken sind wie »Vogelscheuchen im Wind«   – 54

4.2   Übungen   – 56
4.2.1   Übung 1: Der Vogelscheuche den Wind aus den ~~Segeln~~ Kleidern nehmen   – 56
4.2.2   Übung 2: Vorsicht – noch mehr Bilder!   – 56
4.2.3   Übung 3: Nehmen Sie Ihrem Denken gegenüber neue Positionen ein   – 58
4.2.4   Übung 4: Erfreuen Sie sich an Ihrem Denken   – 59

   Abbildungsnachweis   – 60

   Weiterführende Literatur   – 60

S. Moritz, M. Hauschildt., *Erfolgreich gegen Zwangsstörungen*,
DOI 10.1007/978-3-662-48752-5_4, © Springer-Verlag Berlin Heidelberg 2016

4.1 Einführung ins Thema

4.1.1 Gedanken sind voll steuerbar – stimmt das?

Falls nein, fällt Ihnen etwas ein, bei dem die Gedanken einen **anderen Kurs** nehmen als beabsichtigt?

> Bevor Sie weiterlesen, benennen Sie bitte mindestens ein Beispiel.

Die meisten unserer Gedanken sind zwar lenkbar, führen aber ein gewisses Eigenleben und gehorchen nicht immer unserem Willen.

- **Beispiele**
- **Positiv:** Geistesblitze; Einfälle; spontane Witze, von denen man selbst überrascht ist; man benutzt plötzlich ein Fremdwort, von dem man gar nicht wusste, dass es im eigenen Wortschatz existiert.
- **Negativ:** Blackouts während Prüfungen; »Freud'sche Versprecher« (z. B. »herzlichen Glückwunsch« statt »herzliches Beileid« auf einer Trauerfeier sagen), lästige Ohrwürmer.
- **Normal:** Verhaspler/Versprecher; eine zurechtgelegte Formulierung wird anders ausgedrückt als geplant! Gerade, wenn man es erzwingen möchte, schleichen sich Fehler ein. Erhöhte Selbstaufmerksamkeit und Perfektionismus (▶ Denkverzerrung 9) erhöhen sogar die Wahrscheinlichkeit solcher Fehler.

Unsere Gedanken sind – wie ein Strauß Luftballons – am schönsten, wenn wir loslassen

4.1.2 Negative Gedanken sind wie »Vogelscheuchen im Wind«

Dass wir nur eingeschränkt Kontrolle über unsere Gedanken ausüben, kann insbesondere bei negativen selbstabwertenden Gedanken stören, die man leider nicht einfach ausknipsen kann

Woher kommen negative Gedanken? Sollte unser Denken nicht unser bester Freund sein? Auf die eigene Person bezogene negative Gedanken spiegeln ganz unterschiedliche geistige Prozesse wider. Es ist ratsam zwischen konstruktiver selbstkritischer Betrachtung (z. B. »Was kann ich aus meinem Fehler lernen?«) und reflexhaften Selbstentwertungen (z. B. »Ich kann nichts richtig machen!«) zu unterscheiden. Während selbstkritische Gedanken vielfach nachvollziehbar und angemessen sind (z. B. schambesetzte Gedanken, weil man bei einer kleinen Lüge ertappt wurde), stellen sich viele Selbstanklagen (z. B. »Du kannst nichts! Du bist nichts! Du hast nichts!«) oft automatisch und in unangemessener Härte ein. Solche automatischen negativen Gedanken können als »Konditionierungen« angesehen werden (Psychoanalytiker sprechen von Internalisierung oder Introjekten), d. h., sie sind »Nachfahren« verletzender, beleidigender oder überkritischer Bemerkungen, die einem im Laufe des Lebens, z. B. von Eltern, Mitschülern oder Vorgesetzten, eingebläut wurden. Diese negativen, kritischen Kommentare wurden mit der Zeit so verinnerlicht, dass sie in ähnlichen Situationen leicht auslösbar sind. Die ursprünglich von anderen Personen geäußerten Entwertungen werden jetzt von Ihrer eigenen inneren Stimme nachgeplappert. Der eigene sogenannte »innere Kritiker« hat den Job anderer übernommen.

Automatische negative Gedanken sind somit keine vernunftgeleiteten Bewertungen, sondern können als eine Art (gedanklicher) Reflex verstanden werden. Was die Bewertungen häufig so bedrohlich erscheinen lässt, ist der Umstand, dass die negativen Gedanken sich mit der Zeit verändern und nicht immer genau das sagen, was einem vielleicht früher von anderen vorgehalten wurde. Negative Gedanken sind gleichsam »Vogelscheuchen im Wind«, die scheinbar ein Eigenleben führen.

Einige Menschen mit Zwang oder Depression haben außerdem eine recht blühende Vorstellungskraft und erleben solche Gedanken angereichert durch Sinneseindrücke (z. B. Hören der Gedanken, Sehen von Katastrophenbildern), was sie noch realer und erschreckender erscheinen lässt. Auch die Tatsache, dass die Gedanken plötzlich und oft »anonym« (d. h., ohne unmittelbar erkennbare Quelle/Ursache; die Gedanken sagen eben nicht: »Hallo, hier ist die böse Tante Helga noch mal, die Dir früher schon gerne vorhielt, dass…«) in das Bewusstsein dringen, verleiht ihnen den Charakter von Wahrheit. Der Versuch, diese Gedanken zu unterdrücken, ist zum Scheitern verurteilt, wie wir an mehreren Stellen des Buches zeigen – besonders ausführlich im Kapitel zu ▶ Denkverzerrung 5. Hilfreicher ist es stattdessen, den Gedankenvogelscheuchen den Schrecken zu nehmen, indem Sie ihnen sozusagen den Wind aus den Segeln bzw. Kleidern nehmen.

Zwangsgedanken sind – genau wie andere Gedanken – teilweise angereichert durch Sinnesempfindungen (z. B. Gerüche oder auch lauthafte Wahrnehmungen), was sie besonders real erscheinen lässt. Laute Gedanken zu haben, heißt nicht, dass Sie verrückt sind oder halluzinieren

4.2 Übungen

4.2.1 Übung 1: Der Vogelscheuche den Wind aus den ~~Segeln~~ Kleidern nehmen

Probieren Sie folgende Strategie zum Umgang mit automatischen negativen Gedanken wie z. B. »Ich bin wertlos; ohne mich wären alle besser dran« aus:

- **Schritt 1: Erkennen und Benennen**

Identifizieren und benennen Sie den Gedanken als das, was er ist: ein wiederkehrender, störender Gedanke, z. B. »Aha, da ist er wieder, mein ›Vogelscheuchengedanke‹«; »Welcome back, innerer Kritiker«; oder »Das ist ein automatischer Gedanke – nicht mehr und nicht weniger. Ich ahne, woher er kommt, und ich stimme ihm nicht zu.«

- **Schritt 2: Verbildlichen**

Geben Sie dem Gedanken eine Gestalt. Wer sagt den Gedanken? Stellen Sie sich dabei Ihren inneren Kritiker, z. B. die fiese Tante Helga, vor. Vielleicht verändern Sie die Gestalt in Ihrer Fantasie (z. B. mit einem albernen Hut, auf einem Hexenbesen etc.). Oder verwenden Sie ein Symbol (z. B. Vogelscheuche) für diese Art von Gedanken. Auch Objekte wie ein dudelndes Radio kommen infrage. Ungünstiger sind dämonisierende oder gruselige Bilder. Ihr Denken ist schließlich nicht Ihr Feind, so wie man dem Wind auch nicht vorhalten kann, dass er sich hin und wieder zu Stürmen aufschaukelt.

- **Schritt 3: Ansprechen**

Gehen Sie ins Gespräch mit dem Gedanken. Was wollen Sie dem inneren Kritiker/Tante Helga/der Vogelscheuche erwidern? Mit welcher inneren Haltung (mitleidig, wütend, gelangweilt…) treten Sie ihm entgegen? (Beispiel: »Ja ja, Tante Helga, Du kommst immer mit der gleichen Leier! Du langweilst mich!«). Bleiben Sie dabei möglichst souverän und ruhig.

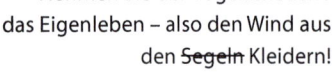

Nehmen Sie der Vogelscheuche das Eigenleben – also den Wind aus den ~~Segeln~~ Kleidern!

Das Erkennen, Benennen und Verbildlichen von Gedanken macht diese greifbarer. Wenn etwas greifbar wird, können wir damit besser umgehen, es auf Neudeutsch »handlen« (aus dem Englischen »to handle«). Dies schafft außerdem eine gewisse Distanz zwischen Ihnen und dem Gedanken. Es verdeutlicht: Sie *sind* nicht der Gedanke, Sie *haben* ihn nur. Durch das Ansprechen verdeutlichen Sie: Sie entscheiden, ob Sie dem Gedanken zuhören wollen oder nicht.

Diese Strategie lässt sich übrigens auch auf die Zwangsbefürchtungen anwenden (▶ Denkverzerrung 5)!

4.2.2 Übung 2: Vorsicht – noch mehr Bilder!

Ständig spuken uns Gedanken im Kopf herum. Einige sind sinnvoll, viele aber auch nicht. Wir können Gedanken als eine Art »Grundrauschen« betrachten. Dabei ist es uns selbst überlassen, welchen Geräuschen wir Gehör schenken wollen und welchen nicht. Neue, aus der buddhistischen Tradition abgeleitete psychotherapeutische Techniken raten zu einer gewissen Entrückung bzw. Distanzierung von den Gedanken durch Metaphern und innere Bilder (▶ Denkverzerrung 5).

Stellen Sie sich den Strom an Gedanken wie einen kleinen Fluss vor. Es ist Herbst und der Fluss trägt eine Menge Blätter und Äste mit sich. Sobald Sie diese Szene vor Ihrem inneren Auge erschaffen haben, setzen Sie Ihre Gedanken (»Mir fällt gerade nichts ein« oder »Das ist ja beknackt« sind auch Gedanken!) auf ein treibendes Blatt und negative plagende Gedanken vielleicht auf einen starken Ast, der sich gelegentlich am Ufer verhakt und vorübergehend Stromschnellen bildet. Begleiten Sie die Szene, bis der Fluss hinter einer Biegung nicht mehr zu sehen ist. Fangen Sie dann wieder von vorne an. Der Strom symbolisiert den Gedankenfluss und kann mal mehr und mal weniger Wasser führen – mal klar und mal trüb sein. Sie können den Fluss in gewisse Bahnen lenken und sich zunutze machen (so wie ein Bach ein Mühlrad antreibt), aber gänzlich bändigen können Sie ihn nicht, da Ihr denkendes Bewusstsein eben nicht die Quelle, sondern Teil des Flusses ist. Das Bild des Stroms ist aus unserer Sicht gut geeignet, um wesentliche Prozesse zu verbildlichen. Versucht man einen Gedanken z. B. nicht zu denken, also den Flusslauf zu stauen, ist der Fluss ja immer noch da. Der Druck wird nur größer und der kleine Damm leicht hinfortgespült (▶ Denkverzerrung 5).

> Gedanken kommen und gehen fortwährend. Sie bestehen aus Signalen, aber auch aus viel Rauschen. Wir können ihnen Beachtung schenken – oder eben nicht

Sie können sich Ihre Gedanken auch wie Kohlensäurebläschen in einer großen Flasche vorstellen, die quasi aus dem Nichts kommen, nach oben steigen und dann verschwinden. Oder wie Luftballons, die in den Himmel emporschweben. Wichtig ist hier die Einsicht, dass es sich bei Gedanken um flüchtige Erscheinungen handelt, die Sie nur zum Teil beeinflussen können – insbesondere auch was die Inhalte angeht. Betrachten Sie sie, ohne zu werten, und lassen Sie sie kommen und wieder davonziehen.

Sie denken vielleicht: Was sollen diese vielen Bilder? Dass wir relativ viele sogenannte Metaphern für das Denken benutzen, liegt nicht so sehr daran, dass wir uns als Hobbylyriker gefallen, sondern hat zwei tiefere Gründe. Erstens ist das Denken noch nicht so recht entschlüsselt. Wir wissen zwar seit Langem, wo Denkprozesse im Gehirn stattfinden und wie Nervenimpulse weitergeleitet und moduliert werden. Der genaue Funktionsplan ist aber weiterhin ein Rätsel. Zum anderen dienen die Bilder dem Ziel, zu verdeutlichen, dass sich die Gedanken zwar in unserem Kopf abspielen und somit natürlich irgendwie zu uns gehören, aber sich oft unserer Kontrolle und damit auch unserer Verantwortung entziehen. Diese teilweise Eigenständigkeit unserer Gedanken bedeutet jedoch nicht, dass sie schlauer sind als wir selbst oder über tiefere Einsichten verfügen.

> Gedanken sind freiheitsliebende »Geschöpfe«. Je mehr wir sie in ihrer Freiheit begrenzen wollen, desto aufsässiger werden sie. Lassen wir ihnen diese Freiheit, können wir viel Freude mit ihnen haben

Anknüpfend an die Idee von oben ist ebenso eine Technik im Sinne der Akzeptanz- und Commitment-Therapie (ACT)« geeignet:

- **Gedanken als Orchester**

Sie sind der Dirigent und entscheiden, wer wann und wie viel Gehör bekommen soll. Welcher Gedanke spielt die erste Geige? Wer bekommt heute mal ein Solo? Wer hat heute mal ganz Pause und setzt aus?

Gedanken als Orchester

- **Gedanken als Bestandteile eines großen Buffets**

Sie entscheiden, was Sie auf Ihren Teller legen wollen – je nachdem, was zu Ihren aktuellen Bedürfnissen passt. Sind Sie besonders gedankenhungrig oder eher gesättigt? Worauf haben Sie heute Appetit? Süß oder deftig? Wollen Sie heute einen »Klassiker«, der immer geht (Frikadelle), oder mal etwas Neues ausprobieren (Saté-Spieß)?

4.2.3 Übung 3: Nehmen Sie Ihrem Denken gegenüber neue Positionen ein

Es ist Autoren wie Rolf Dobelli und Nassim Taleb zu verdanken, dass wissenschaftliche Erkenntnisse zu allgemein-menschlichen kognitiven Verzerrungen und Denkfallen unterhaltsam aufbereitet und so der breiten Öffentlichkeit zugänglich gemacht wurden

Einerseits sind die Gedanken in unserem Kopf unsere Gedanken; andererseits unterstehen Sie nicht voll unserer Kontrolle, ähnlich wie unsere Emotionen. Aber gerade diese Eigenschaft macht unser Denken so einzigartig und lebendig. Um sich dies zu verdeutlichen, raten wir dazu, folgende »Gedankenspiele« zu unternehmen (einige hiervon stammen von Rolf Dobelli):

- Sehen Sie sich als Wächter Ihrer Gedanken oder als deren Gefangener? Warum?
- Unter der Dusche kommen einem oft die besten Ideen. Wo kommen Ihnen die schlechtesten Ideen?
- Welchen Gedanken würden Sie niemals denken?
- Gibt es Gedanken, denen Sie den Krieg erklärt haben? Und wie führen Sie diesen Krieg? Glauben Sie, dass Sie ihn gewinnen können?
- Welchen Ihrer Gedanken können Sie sich nie merken?
- Welcher Gedanke ist noch nie gedacht worden?
- Stellen Sie sich Ihre Gedanken als Bild vor. Wie sehen die einzelnen Gedanken aus: bunt oder schwarz-weiß, klein oder groß, weich oder fest, rund oder eckig, wolkig oder sonnig…

> **Was ist Ihnen aufgefallen, als Sie über die Fragen nachgedacht haben?**

Sicher werden Sie auf die meisten Fragen keine eindeutigen Antworten gefunden haben. Das war auch gar nicht das Ziel der Übung. Vielmehr sollte die Übung zeigen, was wir mit unserem Denken eigentlich alles Tolles anstellen können. Wir können unserem Denken gegenüber die unterschiedlichsten Perspektiven einnehmen und uns unseren Gedanken auf ganz unterschiedliche Weise nähern (z. B. als Forscher, Deutschlehrer, staunendes Kind, vom Lärm gestörter Nachbar…). Und das kann großen Spaß machen!

Der Versuch, unsere Gedanken zu kontrollieren und zu beherrschen, führt nur zu Störungen des wunderbaren, ruhelosen und kreativen Prozess des Denkens und schränkt ihn ein!

Betrachten Sie Ihr Denken als ein Geschenk, eine Art »Wundertüte«, welche ähnlich anderen Körperfunktionen nicht gänzlich Ihrem Willen gehorcht bzw. Ihnen nicht gänzlich zu eigen ist und Sie durch seine Kreativität immer wieder aufs Neue erstaunen kann. Seien Sie neugierig und lassen Sie sich davon faszinieren, was Ihr Denken so alles ausbrütet und für Sie bereithält (»Interessanter Gedanke, wo hat mein Denken denn das aufgeschnappt?«, »Wow! Tagelang zerbreche ich mir den Kopf über das Problem, jetzt fällt mir die Lösung ein!«).

Gedankenspiele sind hilfreiche Metakognitionen (»Denken über das Denken«), die nicht nur Spaß bereiten, sondern gleichzeitig Ihre »kognitive Flexibilität« trainieren. Sie helfen einseitige, festgefahrene oder unflexible Denkmuster aufzubrechen, von denen bekannt ist, dass sie psychische Probleme begünstigen. Lassen Sie Ihren Gedanken also ihren Lauf.

4.2.4 Übung 4: Erfreuen Sie sich an Ihrem Denken

Versuchen Sie einmal, sich an Ihrem Denken, das Ihnen oft so viel Kummer bereitet, zu erfreuen! Hängen Sie schönen Gedanken und Erinnerungen nach (z. B. Urlaub, schöner Abend mit Freunden, ein Flirt) und lassen Sie Ihre Gedanken den »Filmvorführer« spielen.

Es kann sein, dass sich zwischendurch schlechte Gedanken in die harmonische Bilderwelt einschleichen (ähnlich wie im Kino, wenn Leute tuscheln oder von ihren Sitzen aufstehen, um Popcorn zu holen). Lassen Sie sich hiervon nicht irritieren. Es ist, wie zuvor dargestellt, wichtig, dass Sie Ihren Gedanken ein gewisses Eigenleben zugestehen.

In Zeiten von Einsamkeit oder Frustration kann es hilfreich sein, innere Dialoge mit »wohlwollenden Begleitern« zu führen (▶ Arbeitsblatt 7). Das können Comicfiguren sein, berühmte Persönlichkeiten, die Sie sehr schätzen (z. B. Robert DeNiro), oder reale Personen, die aber gerade nicht anwesend sind. Solche inneren Dialoge ersetzen selbstverständlich nicht den Austausch mit echten Menschen. Dennoch stellt sich häufig ein Gefühl von Geborgenheit, Trost und Gelassenheit ein, nachdem wir uns Dinge innerlich von der Seele geredet haben. Innere Dialoge werden häufig auch bei Therapien zur Trauerbewältigung eingesetzt, z. B. um von einem geliebten Menschen Abschied zu nehmen oder etwas auszudrücken, das in einer wichtigen Situation ungesagt geblieben ist und in der Realität nicht nachgeholt werden kann.

Probieren Sie es aus – auch wenn Ihnen dieser Vorschlag vielleicht anfangs etwas merkwürdig vorkommt. Mit welcher realen oder fiktiven Person, deren Stimme und Gesicht Sie sich gut vorstellen können, wollten Sie sich schon immer mal unterhalten? Laden Sie diese Person zu einem imaginären Strandspaziergang ein und schauen Sie, was passiert (▶ Arbeitsblatt 7). Nach 2–3 Versuchen können Sie dann entscheiden, ob diese Übung etwas für Sie ist oder nicht.

Probieren Sie innere Dialoge, um sich Belastungen von der Seele zu reden

Lassen Sie Ihre Gedanken den Filmvorführer spielen

Abbildungsnachweis

Die Rechteinhaber der Abbildungen sind in der Abfolge ihrer Darstellung aufgeführt. Den gesamten Abbildungsnachweis zu diesem Werk finden Sie unter http://extras.springer.com/.

1. wili_hybrid: Out there. http://www.flickr.com/photos/wili/2692420732/. Zugegriffen: 08.10.2015
2. Crystl: Balloons. http://www.flickr.com/photos/crystalflickr/190713106/. Zugegriffen: 08.10.2015
3. weisserstier 120814: Museumsdorf_02. https://www.flickr.com/photos/alfreddi-em/15148941822/. Zugegriffen: 08.10.2015
4. Jiuguang Wang: Carnegie Mellon Philharmonic performs Gustav Mahler's Symphony No. 5. Conducted by Ronald Zollman. https://www.flickr.com/photos/jiu-guangw/6457845485/. Zugegriffen: 08.10.2015
5. Atos: Ascent Magazine Atos Thought Leadership – Cloud Forrest. https://www.flickr.com/photos/atosorigin/11116578645/. Zugegriffen: 08.10.2015
6. pedrosimoes7: Film Projector. http://www.flickr.com/photos/pedrosimoes7/169789089/. Zugegriffen: 08.10.2015

Weiterführende Literatur

Bluett EJ, Homan KJ, Morrison KL, Levin ME, Twohig MP (2014) Acceptance and commitment therapy for anxiety and OCD spectrum disorders: An empirical review. J Anxiety Disord 28: 612–624

Dobelli R (2011) Die Kunst des klaren Denkens: 52 Denkfehler, die Sie besser anderen überlassen. Hanser, München

Myers SG, Wells A (2013) An experimental manipulation of metacognition: A test of the metacognitive model of obsessive-compulsive symptoms. Behav Res Ther 51: 177–184

Talib NM (2015) Der Schwarze Schwan: Die Macht höchst unwahrscheinlicher Ereignisse. 8. Aufl. dtb, München

Denkverzerrung 4: Ist die Welt gefährlich? Katastrophisieren

Steffen Moritz, Marit Hauschildt

5.1 Einführung ins Thema – 63
5.1.1 Gründe für Fehleinschätzungen – 64

5.2 Übungen – 65
5.2.1 Übung 1: Machen Sie sich schlau! – 65
5.2.2 Übung 2: Wahrscheinlichkeitsketten berechnen – 66
5.2.3 Übung 3: Aufmerksamkeitsspaltung – 67
5.2.4 Übung 4: Korrigierende Erfahrungen machen – Konfrontationstherapie – 69

Abbildungsnachweis – 75

Weiterführende Literatur – 75

5.1 Einführung ins Thema

Menschen mit Zwängen überschätzen oftmals die Wahrscheinlichkeit schlimmer Ereignisse.

Beispiel: Die Ansteckungsgefahr bei ungeschütztem sexuellem Kontakt mit einer HIV-positiven Person wird manchmal auf 50 % und höher geschätzt. In Wirklichkeit liegt sie unter 1 %[1]!

Einer der Gründe für Fehleinschätzungen sind fehlende Informationen. Aber auch Fehlinformationen können eine Rolle spielen. Zum Beispiel übertreiben einige Eltern gegenüber ihren Kindern bewusst die Wahrscheinlichkeit schlimmer Ereignisse, oftmals zur Abschreckung oder aus Sorge (z. B. die Wahrscheinlichkeit einer Entführung durch fremde Personen; eines Brandes, wenn Lampen nicht ausgestellt werden; eines Einbruchs, wenn die Haustür nicht abgeschlossen wird…).

Falsche oder mangelnde Informationen führen zu Fehleinschätzungen der Wahrscheinlichkeiten von Ereignissen

Fallen Ihnen weitere Faktoren ein, durch die es zu Fehleinschätzungen kommen kann?

> Bitte nehmen Sie sich einen Moment Zeit für Ihre Überlegungen, bevor Sie weiterlesen.

---

1 Die Gefahr von HIV soll hier keinesfalls verharmlost werden: Nach wie vor gibt es keine ursächliche Therapie. Die tatsächliche Gefahr einer Übertragung ist jedoch geringer als weithin angenommen, und eine Übertragung über bloßen Hautkontakt, Schweiß oder Speichel gilt als ausgeschlossen.

5.1.1 Gründe für Fehleinschätzungen

- **Unrealistischer Pessimismus**

Menschen mit Zwängen besitzen, anders als Personen ohne Zwänge, meist **keinen unrealistischen Optimismus**, wie Studien unserer Arbeitsgruppe gezeigt haben (Menschen mit unrealistischem Optimismus gehen davon aus, dass Positives eher ihnen als anderen passiert, Negatives dagegen eher anderen widerfährt).

Beispiel: Ein Raucher ohne Zwang denkt in der Regel, dass andere Raucher eher Lungenkrebs bekommen als er selbst. Der Raucher mit Zwang hält sich dagegen meist für gefährdeter als andere Raucher.

- **Falsche Wahrscheinlichkeitsberechnung**

> Die Wahrscheinlichkeit für das Eintreten spezieller Ereignisse wird von Menschen mit Zwang eher über- als unterschätzt

Häufig überschätzen von Zwang Betroffene die Wahrscheinlichkeit für das Eintreten komplexer Ereignisse.

Beispiel: Schätzen Sie die Wahrscheinlichkeit ein, dass **heute** in Ihre offen gelassene Wohnung eingebrochen und diese ausgeraubt wird: »Vielleicht 20 %?« Man kann die tatsächliche Wahrscheinlichkeit näherungsweise bestimmen. Dazu müssen die notwendigen Vorbedingungen verknüpft werden. Das geschieht mathematisch durch Multiplikation (×).

Die Gefahr, dass in eine Wohnung **jemals** versucht wird einzubrechen, liegt (hoch angesetzt) bei 10 %. Die Wahrscheinlichkeit, dass die Tür offen und niemand zu Hause ist, ist eventuell höher: vielleicht 20 %. Dass ein Einbrecher die Gegend gerade heute heimsucht, beträgt hoch angesetzt vielleicht ebenfalls 20 %. Die Ereigniswahrscheinlichkeit liegt damit höchstens bei **0,4 %** (0,1 [10 %] × 0,2 [20 %] × 0,2 [20 %])!

- **Fortschreibung von Gefahr**

Von einem negativen Ereignis wird auf zukünftige Ereignisse geschlossen: Statt »einmal ist keinmal« sagt sich der Betroffene, »ein Unglück kommt selten allein«.

- **Wahrnehmungsverzerrung**

> Springen Ihnen Gefahren besonders ins Auge?

Bei Menschen mit Zwängen ist wiederholt die Tendenz festgestellt worden, dass sie an Gefahrensignalen mit dem Blick »kleben bleiben« bzw. die Aufmerksamkeit eher auf solche Reize richten.

Wird einem Betroffenen in Tests ein zwangsrelevantes Bild, z. B. das eines dreckigen Lappens oder eines Türschlosses, gezeigt, wendet dieser seinen Blick langsamer ab als eine nicht betroffene Person. Dadurch werden Gefahrensignale im Bewusstsein überrepräsentiert und ein Gefühl ständig drohender Gefahr stellt sich ein.

- **Übertreibung**

> Schlimm – schlimmer – am schlimmsten! Wenn sich Befürchtungen verselbstständigen. Katastrophisieren ist eine Haltung, die bei Menschen mit Zwang, aber auch anderen psychischen Störungen wie Depression und Angst sehr verbreitet ist

Wie Studien gezeigt haben, malen sich Zwangserkrankte die Konsequenzen negativer Ereignisse meist düsterer aus als Gesunde und teilweise auch als Menschen mit anderen psychiatrischen Erkrankungen. Durchdenken Sie die Konsequenzen Ihrer größten Sorge, z. B. auf der Arbeit einen schlimmen Fehler zu begehen oder an Schizophrenie zu erkranken (▶ Denkverzerrung 14). Viele Befürchtungen erscheinen bei Lichte betrachtet zum einen unwahrscheinlich und zum anderen nicht so verheerend wie zunächst angenommen.

5.2 Übungen

5.2.1 Übung 1: Machen Sie sich schlau!

Welche negativen Ereignisse machen Ihnen starke Angst und welche halten Sie für besonders wahrscheinlich? Schreiben Sie diese auf und informieren Sie sich (▶ Arbeitsblatt 8)!

Betrachten Sie die Medaille stets von beiden Seiten

Schlagen Sie seriöse Quellen nach, z. B. in einem Lexikon wie dem Brockhaus. Auch die allermeisten Einträge bei http://www.wikipedia.de sind aufgrund einer strengen redaktionellen Kontrolle vertrauenswürdig. Erweitern Sie bei der Suche unbedingt den Fokus, der oft eng auf die befürchteten Konsequenzen fixiert ist. Fahnden Sie nicht nur nach Informationen darüber, mit welcher Wahrscheinlichkeit Ihnen dieses oder jenes schlimme Ereignis widerfahren kann (z. B. eine Krebserkrankung oder ein Wohnungseinbruch), sondern informieren Sie sich auch über Heilungschancen oder die Wahrscheinlichkeit eines positiven Ausgangs. So ist z. B. eine Krebsdiagnose aufgrund verbesserter Behandlungsmöglichkeiten heutzutage oft kein Todesurteil mehr (◘ Tab. 5.1).

◘ Tab. 5.1

Zwangsbefürchtung	Wie hoch schätze ich die Wahrscheinlichkeit für das Eintreten ein?	Welche Wahrscheinlichkeiten ergaben sich durch meine Recherche?	Andere Konsequenzen/beruhigende relevante Fakten als Ergebnis meiner Recherche
Negatives Ereignis: An Krebs erkranken	Viele Menschen sterben an Krebs, es müsste also sehr wahrscheinlich sein, dass man Krebs bekommt.	Die große Mehrheit der Menschen bekommt keinen Krebs.	Verbesserungen bei Vorbeugung, Früherkennung und Behandlung haben dazu beigetragen, dass die Krebssterblichkeit seit Jahrzehnten zurückgeht. Von 1980–2008 hat sie um mehr als 20 % abgenommen.
Schlimmste Konsequenz: Daran sterben	Krebs ist fast immer tödlich.	Mehr als die Hälfte aller Krebspatienten kann heute mit dauerhafter Heilung rechnen.	

Quelle: http://www.krebsinformationsdienst.de

Oder ein anderes Beispiel: Unsere Polizei leistet in vielen Fällen hervorragende Arbeit. Viele Straftaten wie Diebstähle werden aufgeklärt, und die Bestohlenen erhalten ihre Habe zurück, oder aber die Versicherung tritt für den Schaden ein. Oder ist Ihre größte Sorge ein Wohnungsbrand? Sofern Sie nicht in einer Papierfabrik leben, sind auch hier die Chancen hoch, dass die Feuerwehr den Brand in den Griff bekommt.

Sie werden zwar keine 100%-ige Entwarnung erhalten, denn das Leben birgt nun einmal auch Gefahren – aber übertriebene Ängste werden durch weitere Informationssuche in seriösen Quellen häufig korrigiert.

5.2.2 Übung 2: Wahrscheinlichkeitsketten berechnen

Denken Sie gründlich nach, welche Faktoren beteiligt sind. Jeder weitere Einflussfaktor reduziert die Wahrscheinlichkeit, dass das befürchtete Ereignis tatsächlich eintritt, drastisch

Identifizieren Sie Faktoren, die für ein befürchtetes Ereignis zusammenkommen **müssen** (z. B. dass Ihre Eltern während eines Urlaubs in Thailand Opfer eines Tsunamis werden).

Jeder Einflussfaktor (Wahrscheinlichkeit eines Tsunamis; Anwesenheit am Strand zu diesem Zeitpunkt; Ausbleiben einer Warnung; Gefahr wurde nicht rechtzeitig selbst erkannt…) hat eine bestimmte Wahrscheinlichkeit von 0,01 (= 1 %) über 0,5 (= 50 %) bis zu 1 (= 100 %) und ist mit den anderen Faktoren zu **multiplizieren**. Jeder weitere Faktor/jede Bedingung verringert die Eintrittswahrscheinlichkeit beträchtlich (lesen Sie hierzu noch einmal in ▶ Abschn. 5.1.1 die Ausführungen zur falschen Wahrscheinlichkeitsberechnung).

Beispiel: Haben drei Voraussetzungen die geschätzte Wahrscheinlichkeit von jeweils 25 %, so liegt die Eintrittswahrscheinlichkeit des Ereignisses weit unter 5 % (0,25 × 0,25 × 0,25 = 0,015625 = ca. 1,6 %).

In ◘ Tab. 5.2 erfolgt die Berechnung der Wahrscheinlichkeit eines Wohnungseinbruchs, die eine Variante des vorher genannten Beispiels darstellt.

Berechnen Sie auf diese Weise die Wahrscheinlichkeit für ein eigenes befürchtetes Ereignis (▶ Arbeitsblatt 9).

◘ **Tab. 5.2**

Befürchtetes Ereignis: Wohnungseinbruch wegen nicht abgeschlossener Tür	Jeweilige Wahrscheinlichkeit (von 0,01 [= 1 %] bis 1 [= 100 %])
Bedingung 1: Die Tür ist nicht abgeschlossen.	40 % = 0,4
Bedingung 2: Ein Einbrecher befindet sich in meiner Gegend,	30 % = 0,3
Bedingung 3: … und zwar genau an dem Tag, an dem ich nicht abgeschlossen habe.	50 % = 0,5
Bedingung 4: Der Einbrecher sucht sich von allen Wohnungen genau meine aus.	30 % = 0,3
Bedingung 5: Er wird von niemandem gestört und zieht den Einbruch unbemerkt durch.	70 % = 0,7

Das Produkt ergibt sich aus der Multiplikation (×) der oben stehenden Zahlen:
0,4 × 0,3 × 0,5 × 0,3 × 0,7 = 0,0126 (0,5 bedeutet z. B. 50 %)
Das entspricht 1,26 %.

5.2.3 Übung 3: Aufmerksamkeitsspaltung

Viele Betroffene liegen förmlich auf der Lauer nach Gefahrensignalen (z. B. ungewöhnliche Geräusche beim Autofahren). Obwohl dies in vielen Fällen als übertrieben und wenig hilfreich erkannt wird, gelingt es dennoch selten, die Überwachungsmaßnahmen völlig zu unterlassen.

Bloße Ablenkung (z. B. Melodie summen, Radio hören oder fernsehen) ist für die meisten Betroffenen nicht zielführend. Die Wahrnehmung schnappt schnell in den alten Modus zurück und hält wieder Ausschau nach den »üblichen Verdächtigen«. Hier bietet sich eine Methode an, die auf einem ähnlichen Prinzip beruht wie die Assoziationsspaltung (▶ Denkverzerrung 7) und von uns **Aufmerksamkeitsspaltung** genannt wurde.

Statt die Überwachung zu unterdrücken (was diese meist nur noch steigert; ▶ Denkverzerrung 5), wird die Richtung der Wahrnehmung **abgefälscht**. Je nachdem, ob Ihre Gefahrensuche eher auf optische (z. B. Qualm, Blut), akustische (z. B. Warnsirenen, Kinderschrei) oder Geruchsreize (z. B. Gas, verschmortes Kabel) ausgerichtet ist, bleiben Sie in derselben Sinnesmodalität, lenken Ihre Wahrnehmung aber auf neue Reize...

Welche Reize sind noch vorhanden? Nutzen Sie Ihre Aufmerksamkeit dazu, mehr wahrzunehmen von der Welt als die Gefahrensignale

Für Menschen mit Zwängen stechen Reize, die mit Gefahr zu tun haben, förmlich aus ihrer Umgebung heraus

Abhängig davon, welches Sinnesorgan bei Ihrer Umgebungsüberwachung vorherrschend ist, richten Sie Ihre Wahrnehmung für eine gewisse Zeit (ca. 15 Sekunden) auf eines der in ◘ Tab. 5.3 genannten Dinge. Wechseln Sie dann die Wahrnehmungsrichtung auf ein anderes Ziel, aber gebrauchen Sie weiter dasselbe Sinnesorgan.

◘ Tab. 5.3

Sehen	Hören	Riechen
Achten Sie z. B. auf: – gelbe Dinge im Raum – blaue Dinge im Raum – grüne Dinge im Raum z. B. im Bus oder Park: – fröhliche und dann auf gelangweilte Gesichter – blonde und dann auf braune Haare	Achten Sie beim Autofahren z. B. auf: – Radio – Windgeräusche z. B. im Bus oder Park: – Handygespräche: Was könnte die Person am anderen Ende der Leitung sagen? – Männer- und dann Frauenstimmen	Schnuppern Sie, ob es irgendwo z. B. nach folgenden Dingen riecht: – Blumen – Parfum – Zigarettenrauch – regennasse Kleidung

Fügen Sie dem Krächzlaut des Zwangs die vielen anderen Stimmen des Sinnes-Chors hinzu!

Statt Ihre Wahrnehmung auf die vermeintliche Gefahr einzuengen, lassen Sie Ihre Sinneswahrnehmung schweifen. Sie werden sehen, dass dies leichter gelingt, als die Aufmerksamkeit ausschließlich auf etwas ganz anderes zu lenken, was häufig sogar eine Art Sogwirkung hin zu den vorherigen unheilvollen Gedanken entfaltet. Blenden Sie auch die ursprüngliche Reiz- bzw. Gefahrenquelle nicht völlig aus, sondern wechseln Sie die Richtung der Wahrnehmung und nehmen Sie Ihre Umgebung ganzheitlich statt nur ausschnittsweise wahr.

Das Ziel der Übung besteht nicht darin, die (vermeintlichen) Gefahrensignale zu ignorieren, sondern darin, andere Dinge ebenfalls wahrzunehmen.

Lassen Sie den Blick schweifen und achten Sie intensiv nur auf einen Wahrnehmungspunkt (z. B. eine bestimmte Farbe) zur Zeit

5.2.4 Übung 4: Korrigierende Erfahrungen machen – Konfrontationstherapie

Einer der zentralen Pfeiler der kognitiven Verhaltenstherapie ist die Konfrontationsbehandlung.

Der Betroffene stellt sich nach und nach seinen Ängsten und lernt, Situationen zu bewältigen, die er bisher entweder gänzlich vermieden hat (z. B. Menschen nicht die Hand geben aus Angst, diese oder sich selbst mit einer Krankheit anzustecken) oder nur für sehr kurze Zeit aushalten konnte (z. B. mit dem eigenen Baby allein bleiben aus Angst, man könnte es verletzen).

Ein wesentliches Lernziel in der Therapie besteht darin, zu erfahren, dass befürchtete Konsequenzen auch bei längerer Konfrontation nicht eintreten. Zum Erstaunen der meisten Betroffenen steigert sich die anfängliche Angst nicht bis ins »Unendliche«, sondern flaut von selbst ab (sogenannte Habituation = Gewöhnung), ohne dass die Situation selbst sich verändert.

Jede Konfrontationsbehandlung sollte maßgeschneidert für die jeweils vorherrschenden Befürchtungen des Betroffenen sein. Was für den einen ein Klacks ist, löst für den anderen bereits in der Vorstellung Angstgefühle aus und umgekehrt. Die hier vorgestellte Methode wählt ein gestuftes Vorgehen: Man erklimmt die eigene Angstleiter Sprosse für Sprosse. Das heißt, man stellt sich zunächst einer gefürchteten Situation mit leichtem Schwierigkeitsgrad, ohne die sonst üblichen Zwangshandlungen auszuführen. Wenn dies nach mehrmaligem Üben gut gelingt, geht es eine Sprosse höher zum nächsten Schwierigkeitsgrad, d. h. der nächsten herausfordernden Situation. Der Sprung ins kalte Wasser, indem die oberste Sprosse als erste erklommen wird (dies wird auch »Flooding« oder massierte Konfrontation genannt), ist durchaus wirksam, aber für die Selbstanwendung nicht anzuraten.

Erklimmen Sie Schritt für Schritt Ihre eigene Angstleiter

Jede Konfrontationsübung sollte maßgeschneidert sein

Sinnvoll ist es, die Sprossen der Angstleiter gemeinsam mit einem Therapeuten zu erarbeiten

Zunächst formulieren Sie, idealerweise mit einem Therapeuten, eine Angstleiter – angefangen bei einer zwangsbezogenen Situation, die Sie sich gerade noch zutrauen, bis hin zu einer Situation, die ein Maximum an Angst oder anderen negativen Gefühlen einflößt. Die Sprossen der Leiter sind Etappenziele, die mit der Zeit weiter angepasst werden können. Bevor Sie Ihre persönliche Angstleiter erstellen (▶ Arbeitsblatt 10), lesen Sie die Hinweise und Beispiele auf den nächsten Seiten sorgfältig durch.

Wieso reicht Einsicht allein nicht aus?

Zu wissen, dass das eigene Verhalten nicht hilfreich ist, und es tatsächlich abzustellen, sind zweierlei Paar Schuhe. Vermeidungsverhalten ist eine Art von motorischem Lernen, welches besonders hartnäckig und tief sitzend (überlernt[2]) ist: »Der Geist ist willig, aber das Fleisch ist schwach.«

Die eigene Angstleiter erklimmen…

---

2 Motorisches Lernen ist weitaus »löschungsresistenter« als Faktenwissen. Wir können z. B. Fahrradfahren oder andere Fertigkeiten kaum gänzlich verlernen. Menschen mit einer Demenz (wie Alzheimer) sind beispielsweise sogar in der Lage, neue motorische Fertigkeiten (z. B. einfache Klaviermelodien) zu lernen, während andere Gedächtnisinhalte bis hin zum eigenen Namen zunehmend ausgelöscht werden.

5.2.4.1 Grundregeln der Konfrontationstherapie

Obwohl jede Konfrontation individuell angepasst werden muss, sollten folgende Grundregeln beachtet werden:

- **Einsicht ist der erste Schritt zur Besserung**

Sie müssen sich der Abwegigkeit oder zumindest Übertriebenheit Ihrer Befürchtungen bewusst sein, bevor Sie sich zu einer Konfrontation entschließen. Wenn Sie im tiefsten Innern überzeugt sind, dass Ihre Zwangshandlungen berechtigt sind, überspringen Sie dieses Kapitel und arbeiten Sie die weiteren Abschnitte durch. Die Konfrontationsbehandlung ist keine Technik, die passiv wirkt wie z. B. die Einnahme von Medikamenten oder eine Massage.

> Konfrontationen setzen voraus, sich voll auf die Situation einzulassen und der Möglichkeit Raum zu geben, dass Ihre Befürchtungen unangemessen sind. Versuchen Sie dieser Herausforderung mit Neugier zu begegnen

- **Ohne Netz und doppelten Boden**

Die Übungen sollen ohne Hilfsmittel wie z. B. Talisman oder Beruhigungstabletten durchgestanden werden (▶ Abschn. 1.3.3). Wenn eine Sprosse zu hoch ist, fügen Sie kleinere Etappenziele ein. Die Situationen sollten eine Zeit lang ausgehalten werden, möglichst eine halbe Stunde und länger bzw. so lange, bis die Angst merklich abgeflaut ist. Erleben Sie die angstbesetzte Situation bewusst. Wie ein Testfahrer, der die Werte über das Fahrverhalten eines neuen Prototyps der Zentrale über Funk durchgibt, geben Sie sich selbst von Zeit zu Zeit Rückmeldung, wie hoch die Angst zwischen 0 und 10 ist. Dieses Vorgehen erhöht gleichzeitig das Gefühl von Kontrolle. Wenn die Übungen nicht real durchführbar sind oder zu viel Angst auslösen, sollte die Konfrontation zunächst in der Vorstellung erfolgen.

- **Vorher-Nachher-Vergleich**

Für die Konfrontationstherapie ist es wichtig, sich vor den Übungen zu überlegen, was Sie konkret befürchten und was passieren könnte. Nur so lässt sich der bereits erwähnte Rückschaufehler vermeiden (▶ Abschn. 1.2). Auf diese Weise können Sie den sich einstellenden Erfolg auch als solchen verbuchen.

- **Geduld**

Es kann zu Rückschlägen kommen. Übungen, die Sie vor einem Tag noch bewältigen konnten, misslingen plötzlich. Äußere Bedingungen, Tagesform und augenblickliche Befindlichkeit spielen hier eine Rolle. Stellen Sie sich einen Hochspringer vor. Dieser übertrifft auch nicht ständig seine Leistungen: Mal springt er Bestleistung, dann wieder reißt er die Latte wie zu Beginn seiner Laufbahn…

> Rückschläge gehören dazu – lassen Sie sich nicht entmutigen!

- **Gedankenkonfrontation**

Für die Konfrontation mit angstauslösenden Zwangsgedanken ist es hilfreich, sich die entsprechenden »schlimmen« Gedanken (Worte, Sätze) aufzuschreiben und auf Endlostonbänder, einfache Tonaufnahmeprogramme (im Internet oft kostenlos beziehbar) oder das Smartphone zu sprechen. Hören Sie die Aufzeichnung so lange an, bis die Angst deutlich abgenommen hat (wie auch bei den unten beschriebenen praktischen Konfrontationsübungen). Alternativ können Sie versuchen, eines der »Schlagwörter« aus den formulierten Gedanken auszuwählen und es sich immer wieder (ca. 30–60 Sekunden) laut vorzusprechen (z. B. »Messer, Messer, Messer…«). Oft verändert sich die Bewertung bei der häufigen und schnellen Wiederholung. Ruft das Wort anfänglich noch Angst hervor, bleibt es am Ende oft als sinnleere Hülse zurück und verbreitet keinen Schrecken mehr.

Solange der Zwang Ihr Leben bestimmt, ist nach der Konfrontation vor der Konfrontation

■ Wann ist Schluss?

Das Ziel ist nicht, Sie ekelfest oder furchtlos zu machen. Andererseits sollten Sie keine faulen Kompromisse anstreben und sich nicht mit dem Rückgewinn kleiner Gebiete Ihres Lebens zufriedengeben. Sie sollten versuchen, sich das zurückzuerobern, was der Zwang Ihnen geraubt hat und was Sie vorher problemlos ausüben konnten. **Nach der Konfrontation ist vor der Konfrontation?** Ja, aber vergessen Sie nicht, sich nach einer erfolgreichen Übung zu loben, und gönnen Sie sich ganz bewusst eine kleine Belohnung. Am besten überlegen Sie sich vorher, worin diese bestehen könnte.

■ Beispiele

So könnte ein Übungsplan für Personen mit einem Wasch- (links) oder Kontrollzwang (rechts) aussehen.

Schwierigkeit 1 = leichte Unruhe 10 = maximale Angst	Waschen (Angst vor Verkeimung)	Kontrollieren (Angst, Kinder mit dem Auto zu überfahren)
1 (leicht)	Mülltonne aus 5 Metern Entfernung anschauen.	Auto von außen berühren.
2	In Mülltonnen blicken.	Ins Auto setzen, ohne loszufahren.
3	Sich einer als unhygienisch empfundenen Person auf wenige Meter nähern.	Auf dem Parkplatz: Auto starten, aber noch nicht losfahren.
4	Nahestehender Person ohne Handschuhe die Hand geben und für mindestens 2 Stunden nicht waschen.	Auf einer belebten Spielstraße: Auto starten, aber noch nicht losfahren.
5	An Mülltonne längere Zeit riechen.	Auf leerem Parkplatz 5 Meter mit dem Auto fahren, ohne in den Rückspiegel zu schauen.
6	Fremder Person die Hand reichen und für mindestens 2 Stunden nicht waschen.	Auf leerem Parkplatz 50 Meter mit dem Auto fahren, ohne in den Rückspiegel zu schauen.
7	Sich mit bloßen Händen an Griffen im Bus festhalten; an Innenseite einer Mülltonne fassen, ohne direkt danach die Hände zu waschen.	Auf leerem Parkplatz 500 Meter mit dem Auto fahren, ohne in den Rückspiegel zu schauen.
8	Bewusst in U-Bahn andere Menschen mit der eigenen Kleidung berühren.	Mit einer Person als Beifahrer über eine Landstraße fahren, ohne in den Rückspiegel zu schauen.
9	Etwas essen, was vorher kurz auf Ihren Küchenboden gefallen ist.	Allein auf der Autobahn fahren.
10 (sehr schwierig)	Sich für längere Zeit auf eine Bahnhofstoilette setzen.	Allein eine Spielstraße entlangfahren, ohne in den Rückspiegel zu schauen.

Für die Übungen ist es zwar wichtig, die eigenen Grenzen zu spüren und eventuell auch ein wenig zu überschreiten. Sie sollten aber nicht unnötig über das Ziel hinausschießen. Es ist nicht hilfreich, Dinge zu machen, die die meisten Nichtbetroffenen ebenfalls eklig (z. B. auf einem Bahnhofsklo eine Mahlzeit zuzubereiten) oder anstößig (z. B. bei religiösen Skrupeln Schutzheilige zu beleidigen) finden würden oder die sogar illegal sind (mit 70 km/h auf einer Spielstraße entlangzurasen). Es geht darum, dass Sie sich Ihren alten Lebensraum zurückerobern – nicht darum, Sie ekelfest zu machen oder zum Stuntman umzuschulen.

5.2.4.2 Los geht's
- **Vorbereitung**

1. Sie sollten überzeugt sein, dass Ihre Befürchtungen irrational oder zumindest übertrieben sind.
2. Machen Sie zunächst ein Brainstorming, welche Situationen bei Ihnen leichte bis große Angst auslösen. Verwenden Sie auf die Sammlung der Situationen ausreichend Zeit. Vielleicht ist Ihnen aufgrund von Rückzug und Vermeidung gar nicht mehr präsent, was alles Ängste auslöst. Möglicherweise haben Sie auch am Anfang Probleme, Ihre Ängste einzustufen, da jede Sprosse der Angstleiter auf den ersten Blick unerreichbar erscheint…
3. Tragen Sie die gefürchteten Situationen anschließend in das ▶ Arbeitsblatt 10 ein – gestuft von 1 bis 10 (1 = leichte Anspannung bis 10 = maximale Angst).

- **10 Regeln für die Übungen**

1. Machen Sie die Übungen am Anfang möglichst im Beisein eines Therapeuten oder einer geschulten Person. Wenn das nicht möglich ist, kann auch ein Angehöriger diese Funktion übernehmen. Dieser sollte sich mit dem Konzept der Konfrontation jedoch vertraut gemacht haben und sich im Idealfall vorher Tipps bei anderen Angehörigen von Betroffenen holen. So besitzen die Internet-Selbsthilfeforen von http://www.zwaenge.de/ und http://www.zwangserkrankungen.de/ jeweils ein Unterforum für Angehörige, welches sich für diesen Austausch eignen könnte.
2. Nehmen Sie sich nur eine Sprosse Ihrer Angstleiter zur Zeit vor.
3. Unterlassen Sie für die Zeit der Übung Zwangshandlungen (z. B. Kontrollieren) und verdeckte Rituale (z. B. Beten, Zählen).
4. Führen Sie die Übungen regelmäßig bis zu einem zuvor festgelegten Übungsende (z. B. 2 Stunden) durch. Fortschritte stellen sich am ehesten ein, wenn Sie »am Ball bleiben« und täglich üben. Während der Verstand eventuell bereits vor dem Beginn der Übungen überzeugt war, dass befürchtete Konsequenzen nicht eintreten, hinkt die Gefühlswelt ein wenig hinterher, und es braucht Zeit, tief sitzende Unruhe und Angst zu überwinden.
5. Bleiben Sie für die zuvor festgelegte Dauer in der Situation und nehmen Sie wahr, wie die Angst abflaut.
6. Rückschläge bedeuten nicht Scheitern. Überlegen Sie mögliche Gründe. Versuchen Sie es noch einmal oder bauen Sie Zwischenschritte ein.
7. Jede Übung sollte ein wenig Überwindung kosten, schießen Sie aber nicht unnötig über das Ziel hinaus.
8. Melden Sie sich während der Übung regelmäßig den Grad Ihrer Angst oder Unruhe zurück (von 1 bis 10).

Optimal für die Konfrontationstherapie ist, zumindest anfangs, eine therapeutische Unterstützung. Aber auch geschulte Angehörige können eine Konfrontationsbehandlung begleiten (siehe Weiterführende Literatur)

9. Konfrontationsübungen sind keine »Mutproben« wie bei »Ich bin ein Star – holt mich hier raus« (»Augen zu und durch«). Nehmen Sie die Situation bewusst wahr und betrachten Sie die aufkommenden Gefühle als neue Erfahrung und Teil Ihres normalen Gefühlsspektrums.
10. Passen Sie die Übungen an oder bauen Sie weitere ein, sofern Ihnen eine wichtige Situation im Nachhinein einfällt.

> Passen Sie nun die eben dargestellten Übungen Ihren eigenen Befürchtungen an. Erstellen Sie Ihre eigene »Angstleiter« (▶ Arbeitsblatt 10).

5.2.4.3 Die wirklichen Ziele im Auge behalten

Nehmen Sie Angst als Teil des emotionalen Spektrums an, ohne sich von ihr beherrschen zu lassen

Ziel der Konfrontationsübungen (auch Exposition genannt) ist es nicht, Ihre Ängste ein für allemal auszurotten. Angst ist eine normale und lebenswichtige Reaktion auf Bedrohung und unvorhersehbare Situationen. Wie im Eingangskapitel dargestellt, haben auch Menschen ohne Zwänge Ängste. Zur Überwindung Ihrer Probleme ist neben der Anwendung bestimmter Techniken auch eine neue innere Haltung erforderlich: Akzeptieren Sie sich und Ihre Gefühle.

Statt Ihre ganze Kraft darauf zu verwenden, permanent gegen Ihre Gefühle anzukämpfen, versuchen Sie, sich konkrete Ziele zu setzen. Was möchten Sie in Ihrem Leben noch alles verwirklichen? Welche Lebensräume wollen Sie zurückgewinnen (z. B. sich wieder mit Freunden treffen, unbeschwert mit den Kindern spielen)? In welchen Bereichen möchten Sie als Mensch weiter wachsen? Welches Gefühl bzw. welche Gefühlsintensität streben Sie als neue Zielemotion an bzw. ist für Sie akzeptabel (z. B. leichte Unruhe statt Panik)?

Nur im Kontrast zu zeitweisen negativen Erfahrungen können wir Glück auch als solches wahrnehmen

Vergessen Sie nicht, dass negative und positive Gefühle sich gegenseitig bedingen und das Leben würzen. Ein Sprichwort besagt: »Nichts ist schlimmer als mehrere glückliche Tage hintereinander.« Es soll – zugegebenermaßen ein wenig übertrieben – zum Ausdruck bringen: Dauerhaftes Glück ist nicht erreichbar, da der zunächst schöne Zustand bald normal und schließlich fade wird. Konfrontationsübungen sollen Ihnen nicht nur helfen, verlorenes Terrain zurückzuerobern, sondern auch sich besser zu spüren und eine bei Zwang häufig vorhandene »Gefühlsphobie« abzulegen, die aus der falschen Gleichung **Angst = unnormal = schlecht** entsteht.

Abbildungsnachweis

Die Rechteinhaber der Abbildungen sind in der Abfolge ihrer Darstellung aufgeführt. Den gesamten Abbildungsnachweis zu diesem Werk finden Sie unter http://extras.springer.com/.

1. EfrénCD: Danger. http://www.flickr.com/photos/efrencd/1139354507/. Zugegriffen: 08.10.2015
2. Stewart: Encyclopædia Britannica, Eleventh Edition (1911). http://www.flickr.com/photos/stewart/461099066/. Zugegriffen: 08.10.2015
3. dpicker: Unbenannt. http://www.flickr.com/photos/dpicker/1351881037/. Zugegriffen: 08.10.2015
4. allyaubry: Megan Black & White Sunflower photoshop. http://www.flickr.com/photos/allyaubryphotography/2804399816/. Zugegriffen: 08.10.2015
5. mueritz: Maßband. http://www.flickr.com/photos/mecklenburg/5340182341/. Zugegriffen: 08.10.2015
6. aussiegall: Upwards. http://www.flickr.com/photos/aussiegall/337114890/. Zugegriffen: 08.10.2015
7. Grafik der Autoren
8. Mixy: Wee!. http://www.flickr.com/photos/ladymixy-uk/4063190403/. Zugegriffen: 08.10.2015

Weiterführende Literatur

da Victoria MS, Nascimento AL, Fontenelle LF (2012) Symptom-specific attentional bias to threatening stimuli in obsessive-compulsive disorder. Compr Psychiatry 53: 783–788

Marks IM (1993) Ängste: Verstehen und bewältigen. 2. Aufl. Springer, Berlin

Morein-Zamir S, Papmeyer M, Durieux A, Fineberg NA, Sahakian BJ, Robbins TW (2013) Investigation of attentional bias in obsessive compulsive disorder with and without depression in visual search. PLoS One 8: 801–818

Moritz S, Pohl RF (2009) Biased processing of threat-related information rather than knowledge deficits contributes to overestimation of threat in obsessive-compulsive disorder Behav Modif 33: 763–777

Niemeyer H, Moritz S, Pietrowsky R (2013) Responsibility, metacognition and unrealistic pessimism in obsessive-compulsive disorder. J Obsessive Compuls Relat Disord 2: 119–129

Zetsche U, Rief W, Exner C (2015) Individuals with OCD lack unrealistic optimism bias in threat estimation. Behav Ther 46: 510–520

Denkverzerrung 5: Müssen schlechte Gedanken unterdrückt werden? Gedankenkontrolle

Steffen Moritz, Marit Hauschildt

6.1 Einführung ins Thema – 79
6.1.1 »So etwas darf man nicht denken?« – 79
6.1.2 Gedankenunterdrückung klappt nicht! – 80
6.1.3 Stattdessen: Inneren Abstand zur Befürchtung suchen… – 81

6.2 Übungen – 82
6.2.1 Übung 1: Gedankenunterdrückung klappt nicht – 82
6.2.2 Übung 2: Alternativer Umgang mit negativen Gedanken – 83

Abbildungsnachweis – 84

Weiterführende Literatur – 84

6.1 Einführung ins Thema

6.1.1 »So etwas darf man nicht denken?«

Viele Betroffene versuchen, ihre »schlimmen« Gedanken aktiv zu unterdrücken.

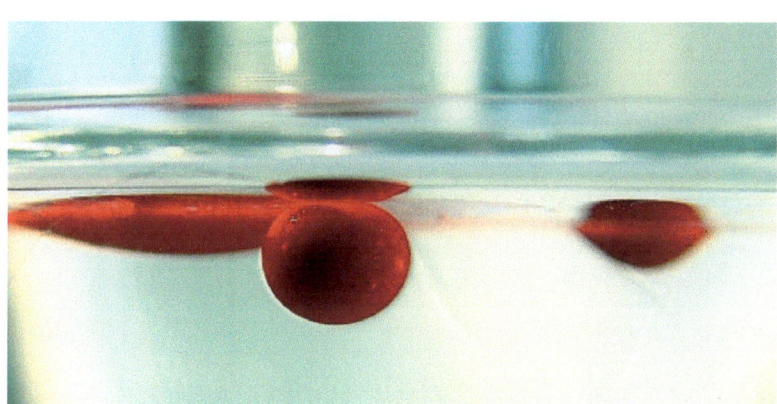

Versuchen Sie das Folgende:

> Denken Sie die nächste Minute *nicht* an einen Elefanten!

Klappt das?

6.1.2 Gedankenunterdrückung klappt nicht!

Unterdrückung negativer Gedanken – Klappt das? **Nein!**

Sie werden vermutlich entweder direkt an einen Elefanten gedacht haben und/oder an etwas, das mit einem Elefanten zusammenhängt (z. B. Zoo, Safari, Afrika etc.).

Lassen Sie Ihre Gedanken zu! Unsere Gedanken sind nicht wie auf Knopfdruck einfach abzustellen (Alltagsbeispiel: nervige Ohrwürmer, Ängste). Der Effekt ist sogar noch stärker, wenn wir versuchen, unangenehme Gedanken wie z. B. Selbstvorwürfe (»Ich bin ein Versager« etc.) aktiv zu unterdrücken. Die Gedanken können dann so stark werden, dass sie wie fremde (Ihnen eingegebene) Gedanken erscheinen!

Wie am Elefantenbeispiel demonstriert, klappt Gedankenunterdrückung nicht… im Gegenteil: Der Versuch, einen Gedanken zu unterdrücken, verstärkt oft sogar die Intensität, Häufigkeit und Lebendigkeit dieses Gedankens.

- **Übertriebene Schlussfolgerung**
- »Ohne den Unterdrückungsversuch wäre es wohl noch schlimmer.«
- »Da scheint etwas Böses in mir zu lauern, das die Kontrolle langsam an sich reißt.«

- **Korrekte Bewertung**
- »Gedankenunterdrückung funktioniert nicht und verstärkt Zwangsgedanken.«

6.1.3 Stattdessen: Inneren Abstand zur Befürchtung suchen…

Wenn Sie von besonders heftigen negativen Gedanken heimgesucht werden, versuchen Sie nicht, die Gedanken aktiv zu unterdrücken oder Gegengedanken in Stellung zu bringen (z. B. bei der Sorge, man könnte pädophil sein, krampfhaft an attraktive erwachsene Personen denken).

Betrachten Sie das innere Geschehen stattdessen **ohne** einzugreifen: wie ein Besucher im Zoo, der ein gefährliches Tier aus geschützter Distanz betrachtet. Sie werden merken, dass sich die Gedanken von selbst wieder beruhigen.

Gedanken nur zu beobachten, ohne auf sie einzugehen oder den Versuch sie zu unterdrücken, trägt schon zu deren Beruhigung bei

> Gedankenunterdrückung wird von vielen Menschen mit Zwängen angewendet und führt, wie gezeigt, paradoxerweise zur Zunahme von Zwangsgedanken! Gelingt es Ihnen, auf diese ungünstige Strategie zu verzichten, ist viel gewonnen!

6.2 Übungen

6.2.1 Übung 1: Gedankenunterdrückung klappt nicht

Überzeugen Sie sich davon, dass Gedankenunterdrückung nicht funktioniert:

Vergegenwärtigen Sie sich den paradoxen Effekt von Gedankenunterdrückung mehrmals. Denken Sie bewusst **nicht** an etwas (es wird nicht funktionieren!) und lassen Sie andererseits jenen Gedanken einmal freien Lauf, die Sie sonst an die »kurze Leine« nehmen.

Sie werden sehen, dass durch den Verzicht der Gedankenkontrolle das Dranghafte der Zwangsgedanken abnimmt. Das erinnert ein wenig an Kinder, denen man etwas strengstens verbietet. Oft entsteht erst durch das Verbot der Drang, dieses zu missachten.

Wie schon vorher diskutiert: Gedanken sind Gedanken und nicht mit Taten gleichzusetzen (Denkverzerrung 2).

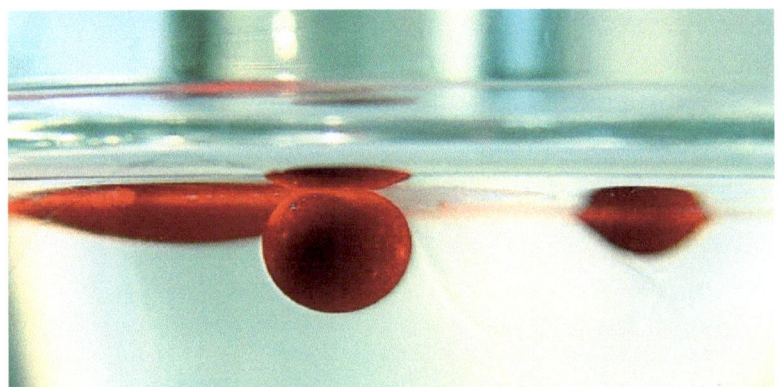

6.2.2 Übung 2: Alternativer Umgang mit negativen Gedanken

Nehmen Sie eine beobachtende und distanzierte Haltung zu Ihren Gedanken ein. Betrachten Sie negative Gedanken wie vorbeiziehende dunkle Wolken oder einen Tiger im Zoo. Greifen Sie nicht ein!

Die Gedanken können Ihnen oder anderen genauso wenig etwas tun wie ein Tiger hinter Gittern, wobei es sich bei Ihrem Tiger (= Zwangsgedanken) eigentlich um ein harmloses Kätzchen handelt.

Einigen Betroffenen hilft es, wenn sie ihre Zwangsgedanken in einem Bild oder einer Szene festhalten und durch Vorstellungslenkung abschwächen. Stellen Sie sich vor, dass Sie von einem geschützten Ort aus ein heftiges Unwetter beobachten, wobei am Horizont bereits erste blaue Bereiche zu erkennen sind. Heften Sie Ihre Zwangsgedanken an die schwärzeste Stelle der vorbeiziehenden Wolkenfront. Lassen Sie das Unwetter nun toben (z. B. niederfahrende Blitze, die einen Baum spalten; ein Tornado, der einen Schuppen mitreißt), aber gleichzeitig langsam abziehen und den Blick auf schöneres Wetter freigeben. Versuchen Sie, sich die Szene mindestens 1–2 Minuten lang auszumalen (◘ Arbeitsblatt 11).

Mit der Kraft von Bildern können Sie Ihren Zwangsgedanken auf ganz neue Weise begegnen. Bilder sagen bekanntlich mehr als 1.000 Worte und sind insbesondere dort hilfreich, wo den Zwangsgedanken allein mit Vernunft und Einsicht nicht beizukommen ist

Oder stellen Sie sich einen alten, schäbigen Theatersaal vor. Setzen Sie sich in die hinterste Reihe, während Ihre Zwangsgedanken – dargestellt von überlaut sprechenden und übertrieben agierenden Schauspielern – die altbekannten Sachen zum Besten geben. Es ist kein faszinierendes Stück, das von Ihren Zwangsgedanken aufgeführt wird. Vielleicht müssen Sie sogar gähnen und gehen früher.

Diese Technik ist vergleichbar mit der Übung 3: »Nehmen Sie Ihrem Denken gegenüber neue Positionen ein« zu ◘ Denkverzerrung 3.

Abbildungsnachweis

Die Rechteinhaber der Abbildungen sind in der Abfolge ihrer Darstellung aufgeführt. Den gesamten Abbildungsnachweis zu diesem Werk finden Sie unter http://extras.springer.com/.

1./4. Marcus Vegas: under waterline. http://www.flickr.com/photos/vegas/411411269/. Zugegriffen: 08.10.2015

2. TheLizardQueen: Big 5 – Elephant. http://www.flickr.com/photos/lizard_queen/114587853/. Zugegriffen: 08.10.2015

3. quinn.anya: Eye of the tiger. http://www.flickr.com/photos/quinnanya/2058156133/. Zugegriffen: 08.10.2015

5. Nicholas_T: Halfway. http://www.flickr.com/photos/nicholas_t/2503454587/. Zugegriffen: 08.10.2015

6. alexbrn: Punch & Judy. http://www.flickr.com/photos/alexbrn/3735287592/. Zugegriffen: 08.10.2015

Weiterführende Literatur

Hale L, Strauss C, Taylor BL (2013) The effectiveness and acceptability of mindfulness-based therapy for obsessive compulsive disorder: a review of the literature. Mindfulness 4: 375–382

Moulding R, Coles ME, Abramowitz JS, Alcolado GM, Alonso P, Belloch A, Bouvard M et al. (2014) Part 2. They scare because we care: The relationship between obsessive intrusive thoughts and appraisals and control strategies across 15 cities. J Obsessive Compuls Relat Disord 3: 280–291

Smari J, Holmsteinsson HE (2001) Intrusive thoughts responsibility attitudes, thought-action fusion, and chronic thought suppression in relation to obsessive-compulsive symptoms. Behav Cogn Psychother 29: 13–20

Solem S, Myers SG, Fisher PL, Vogel PA, Wells A (2010) An empirical test of the metacognitive model of obsessive–compulsive symptoms: Replication and extension. J Anxiety Disord 24: 79–86

Wells A (2009) Metacognitive therapy for anxiety and depression. Guilford Press, New York

Denkverzerrung 6: Signalisieren Gefühle echte Gefahr? Zwang und Emotion

Steffen Moritz, Marit Hauschildt

7.1 Einführung ins Thema – 87
7.1.1 Welche Gefühle gehen mit Zwangsgedanken einher? – 87
7.1.2 Gefühle sind manchmal ein schlechter Ratgeber – 88

7.2 Übungen – 90
7.2.1 Übung 1: Emotion und soziale Bewertung – 90
7.2.2 Übung 2: Einfluss äußerer Faktoren auf Denken und Fühlen – 91
7.2.3 Übung 3: Aus der Mücke einen ~~Elefanten~~ Dinosaurier machen – 93
7.2.4 Übung 4: Berg statt Blatt im Wind sein – 94

Abbildungsnachweis – 95

Weiterführende Literatur – 95

7.1 Einführung ins Thema

7.1.1 Welche Gefühle gehen mit Zwangsgedanken einher?

> Stopp! Denken Sie bitte erst über eine Antwort nach, bevor Sie weiterlesen!

Zwangsgedanken sind häufig mit **Angst** verbunden (z. B. der Partner könnte sterben, wenn ein bestimmtes Ritual unterlassen wird), sie können aber auch von ganz anderen Gefühlen begleitet sein, z. B.
- von **Ekel** – z. B. bezogen auf Körperflüssigkeiten, klebrige Rückstände, bestimmte Tiere;
- von **Schuldgefühlen** – z. B. »Ich bin Schuld, wenn mein Bruder einen Unfall erleidet« oder »Man wird mich zur Verantwortung ziehen, wenn das Haus abbrennt«;
- von **Scham** – z. B. bezogen auf aggressive oder sexuelle Gedanken;
- von **Besorgnis/Unwohlsein** ohne echte Panik – z. B. der Befürchtung, jemanden mit einer Grippe angesteckt zu haben;
- von **Unsicherheit** – z. B. bezogen auf die eigene Wahrnehmung und das Gedächtnis;
- von dem **unbestimmten Gefühl**, dass etwas irgendwie »nicht richtig« ist;
- von einem »Gemisch« aus vielen Gefühlen.

Was ist bei Ihnen das vorherrschende Gefühl, welches die Zwangsgedanken begleitet?

Zwangsgedanken gehen mit sehr unterschiedlichen Gefühlen einher, nicht nur mit Angst. Zwang wird daher von Experten auch nicht den sogenannten Angststörungen zugeordnet

7.1.2 Gefühle sind manchmal ein schlechter Ratgeber

Gefühle sind wichtige Ratgeber für unsere alltägliche Urteilsbildung. Sie signalisieren uns z. B. Gefahr – manchmal lange bevor wir diese bewusst erkannt haben (»Ich hatte gleich so ein komisches Gefühl«).

Andererseits schlagen Gefühle gelegentlich **falschen Alarm**. Wenn wir z. B. sehr angespannt sind, wenig gegessen oder geschlafen haben, verkatert sind etc., nehmen wir unsere Umwelt verändert und meist negativer wahr, als sie in Wirklichkeit ist.

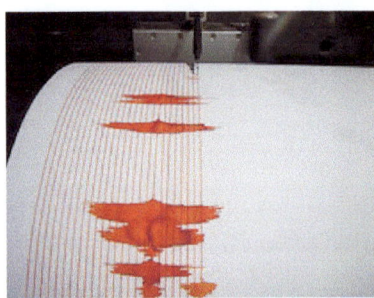

Gefühle: Seismographen der Seele

Fast jeder kennt das Phänomen, dass derselbe emotionale Film (bei einigen Menschen z. B. »Sissi«, bei anderen Krimis) je nach Verfassung unterschiedliche Wirkungen hervorrufen kann. Wenn man sich schlecht fühlt, fließen bei einem rührseligen Film eher die Tränen, als wenn es einem gut geht. Ein Krimi kann zu wohligem Nervenkitzel, aber auch zu starker Angst führen, die noch anhält, nachdem man das Kino lange verlassen hat. Vielfältige Faktoren verstärken unsere Gefühle und können sogar *Fehlzuschreibungen* hervorrufen. So kann ein flaues Gefühl durch einen leeren Magen die Angst vor einem beginnenden Kollaps schüren, oder die Erregung aufgrund von zu viel Kaffee die Entstehung von Ärger begünstigen.

Gerade bei sehr intensiven Gefühlen sollten wir innehalten und überlegen, ob diese angemessen sind oder nicht. Kanadische Forscher führten eine Studie zum Thema Fehlzuschreibungen durch: Überquerten Männer die unten gezeigte Hängebrücke, wurden Frauen, die am anderen Ende standen, von diesen als attraktiver empfunden, als wenn die Männer eine feste Brücke überquerten. Dies, so die Schlussfolgerung der Forscher, liegt daran, dass die Männer ihre körperliche Erregung aufgrund des klaffenden Abgrunds fälschlich der Attraktivität der Frau zuschrieben!

Oft übertragen wir äußere Begebenheiten auf innere Gefühlszustände – so wird ein Herzklopfen nach zu viel Kaffee der Begegnung mit dem neuen Nachbarn zugeschrieben

Die Capilano Hängebrücke in Vancouver (Kanada)

Wie zu Anfang dieses Kapitels diskutiert, werden Zwangsgedanken häufig von intensiven Gefühlen wie Angst und Panik begleitet. Diese Gefühle bewertet der Betroffene dann als eine angemessene Reaktion auf das befürchtete Ereignis (»Wenn ich solche Angst habe, muss die Situation wirklich gefährlich sein«). Können aber äußere Einflüsse ausgemacht werden, die diese Gefühle künstlich »anheizen«, übt das Gefühl meist keine so große Macht mehr aus, da die Übertriebenheit erkannt wird.

Intensive Gefühle können zur Überbewertung äußerer Einflüsse führen

7.2 Übungen

7.2.1 Übung 1: Emotion und soziale Bewertung

Was empfinden Sie, wenn Sie diese Frau betrachten?

Wäre Ihre Empfindung dieselbe, ganz gleich ob Sie gerade in einer fröhlichen, traurigen oder misstrauischen Stimmung sind?

Ihre Stimmung		Mögliche Bewertung/Empfindung (Beispiel)
Fröhlich	🙂	?
Traurig	🙁	?
Misstrauisch	😠	?

> Stopp! Denken Sie bitte erst über eine Antwort nach, bevor Sie weiterlesen!

Ihre Stimmung		Mögliche Bewertung/Empfindung (Beispiel)
Fröhlich	🙂	Die sieht nett aus, würde mich gerne mal mit ihr unterhalten.
Traurig	🙁	So eine wie die hält mich bestimmt für langweilig.
Misstrauisch	😠	Schöne Menschen haben meist einen schlechten Charakter. Die lästert sicher gleich über mich.

Fazit: Unsere aktuelle Stimmungslage beeinflusst sehr stark, wie wir eine Situation oder auch eine Person bewerten.

7.2.2 Übung 2: Einfluss äußerer Faktoren auf Denken und Fühlen

Folgende Einflüsse können zu Fehlzuschreibungen führen:

- **Schlafmangel**

Schlafmangel kann zu innerer Anspannung führen. Nun kann es vorkommen, dass wir die Quelle dieser Anspannung nicht im Schlafmangel, sondern fälschlicherweise in etwas oder jemand anderem (z. B. einem Arbeitskollegen) sehen. Der Irrtum über die Herkunft des unangenehmen Gefühls führt zu weiteren negativen Gefühlen (z. B. Ärger, Angst).

Gefühle sind wie eine sich auftürmende Welle, die schnell ihre Form verliert

- **Musik/Lärm**

Eine bestimmte Art von Musik kann uns aufwühlen und aufputschen (z. B. intensives Zusammengehörigkeitsgefühl bei Musikfestivals) und uns gelegentlich auch zu Fehleinschätzungen bzw. Fehlverhalten verleiten (z. B. Aggression bei lauter Musik).

- **Stress**

Stress (z. B. durch Termindruck auf der Arbeit) macht uns häufig sehr dünnhäutig und beeinträchtigt unser Urteilsvermögen. Wir haben das Gefühl, nicht mehr aus dem »Hamsterrad der Alltagssorgen« hinauszukommen. Unsere Umwelt scheint uns unüberschaubar, und wir sehen die Dinge eher aus der Frosch- als aus der Vogelperspektive. Das macht uns reizbar, und wir reagieren leicht über.

Froschteich, Adlerhorst oder Hamsterrad? Aus welcher Warte betrachten Sie aktuell die Welt?

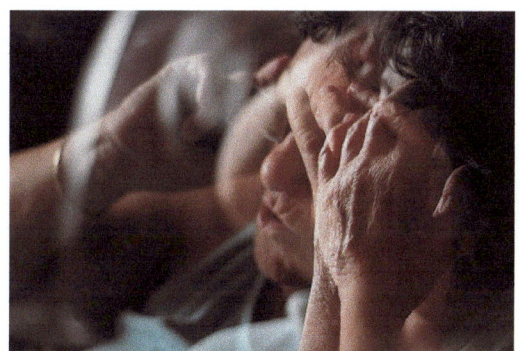

Äußere Einflüsse verstärken oder dämpfen unsere Gefühle, ohne dass es uns immer bewusst ist

Wie beeinflussen die in ◘ Tab. 7.1 stehenden Faktoren Ihr Wohlbefinden und Ihre Gefühlswelt? Veranschaulicht ist das Vorgehen anhand einiger Beispiele. Versuchen Sie, die Art und Weise des jeweiligen Einflusses möglichst konkret anzugeben (◘ Arbeitsblatt 12).

◘ Tab. 7.1

Faktor	Einfluss? Macht mich das eher aggressiv, ängstlich, fröhlich, traurig, nervös, entspannt…?
Alkohol	»Alkohol lockert in geringen Mengen meine Zunge. Wenn ich aber einen über den Durst getrunken habe, fühle ich mich schnell persönlich angegriffen.«
Stress (z. B. durch Lärm)	»Stress macht mich ›kipplig‹ – ich reagiere oft über, manchmal bin ich wie eingefroren.«
Langeweile	»Bei Langeweile sind Grübeln und Anspannung leider nicht weit entfernt… und Nägelkauen.«
Bewegungsmangel	»Wie bei Langeweile… fällt mir jetzt erst auf!«
Drogen	»Gehört zum Glück nicht zu meinen Problemen.«
Wetter, Licht	»Gutes Wetter macht mich oft fröhlich, manchmal spüre ich aber auch besonderen ›Freizeitdruck‹ und fühle mich dann besonders schlecht und einsam.«
Medikation	»Nehme derzeit keine.«
Schlafmangel	»Verstärkt meine negative Stimmung und macht mich ›dünnhäutig‹.«
Eigene Beispiele:	…

7.2.3 Übung 3: Aus der Mücke einen ~~Elefanten~~ Dinosaurier machen

Nur für Mutige! Diese Übung ist insbesondere für jene Betroffenen geeignet, deren Zwang auch einen makabren Spaß versteht.

Der Zwang ist ein Meister der Übertreibung und gaukelt einem vor, dass unwahrscheinliche oder sogar unmögliche Szenarien tatsächlich eintreten. Wenn der Zwang mal wieder aus einer Mücke einen Elefanten macht, ... setzen Sie noch einen oben drauf und machen Sie einen Dinosaurier daraus! Steigern Sie das Szenario ins Groteske und schmücken Sie es nach Möglichkeit witzig aus! Häufig wächst die Angst nicht, sondern sie geht im Gegenteil sogar zurück. Dies wird auch **paradoxe Intervention** genannt.

> Bauschen Sie die Dinge bewusst auf. Indem Sie die Verzerrungen des Zwangs ins Groteske übersteigern, geben Sie die Angstszenarien der Lächerlichkeit preis. Aber: Nicht für jeden ist diese Strategie passend

- Beispiel 1

Zwangsgedanke Angst, eine gefährliche Krankheit unwissentlich übertragen zu haben.

Bewusste Übertreibung Die Hälfte der Menschheit stirbt binnen einer Woche. Etwa ein Viertel mutiert zu mordenden Zombies, die Jagd auf den Rest machen, der sich seitdem nur noch bei Tage auf die Straße traut. Jahrzehnte später besuchen Außerirdische im Rahmen einer Forschungsarbeit die Erde und finden einen fast ausgestorbenen Planeten vor. Die Krankheit wird nach Ihnen benannt.

- Beispiel 2

Zwangsgedanke Durch einen angelassenen Herd könnte das eigene Haus abbrennen.

Bewusste Übertreibung Aufgrund einer bestehenden Dürre breitet sich die durch Ihren Herd verursachte Feuerwalze bis nach Russland aus. Innerhalb von Tagen verfärbt sich der Himmel schwarz. Das Leben auf der Erde wird ohne Sonneneinstrahlung nahezu unmöglich. Obwohl der Schauprozess gegen Sie eingestellt wird, bezichtigen Sie religiöse Fanatiker, einer der sieben Reiter der Apokalypse (Weltuntergang) zu sein. Satanisten beten die verschmorten Überreste Ihres Herds als Reliquie an (Arbeitsblatt 13).

Aus einer Mücke einen ~~Elefanten~~ Dinosaurier machen

7.2.4 Übung 4: Berg statt Blatt im Wind sein

Vorstellungsübungen und innere Reisen finden viele Menschen esoterisch und albern. Wenn man sich auf sie einlässt, kann man aber auch als vernunftbetonter Mensch, der mit beiden Beinen fest auf dem Boden der Tatsachen steht, von ihnen profitieren.

Falls Ihnen Stress sehr stark zusetzt und Sie das Gefühl haben, kurz vor der Explosion zu stehen, kann es hilfreich sein, sich einen Berg oder eine Pyramide vorzustellen. Das muss kein Berg sein, den Sie selbst bestiegen oder gesehen haben. Er kann Ihnen von Fotos bekannt sein oder Ihrer Fantasie entspringen.

Für diese Übung suchen Sie sich einen ruhigen Platz, setzen sich bequem hin und nehmen sich einige Minuten Zeit. Lassen Sie nun vor dem geistigen Auge im Zeitraffer Tag und Nacht im Hintergrund des Berges abwechseln. Stellen Sie sich den Berg mal schneebedeckt, in Nebel gehüllt, von der Sonne angeschienen und dann unter Blitz und Hagel vor. Der Berg bleibt wie er ist und trotzt allen Unwettern. Stellen Sie sich vor, dieser Berg zu sein. Nehmen Sie das Bild symbolisch mit einem tiefen Atemzug in sich auf und lassen Sie alle Widrigkeiten unerschütterlich von sich abprallen. Schmücken Sie das innere Bild aus und verändern Sie es nach Ihren Vorstellungen.

Mit etwas Übung reicht es häufig, sich den Berg kurz zu vergegenwärtigen, um wieder ein wenig Ruhe zu finden und eine Schranke zwischen sich und die Hektik der Außenwelt zu schieben. Diese Übung ist angelehnt an eine Meditation von Jon Kabat-Zinn.

Innere Bilderwelten sind keine Vorstufe zum Wahnsinn, sondern gelenkte Fantasie. Sie werden unter anderem von Leistungssportlern zur Motivation eingesetzt

Als Berg trotzen Sie allen äußeren Einflüssen – und finden Ihre innere Ruhe und Kraft. Stellen Sie sich einen mächtigen und erhabenen Berg vor. Maulwurfshügel zählen nicht

Abbildungsnachweis

Die Rechteinhaber der Abbildungen sind in der Abfolge ihrer Darstellung aufgeführt. Den gesamten Abbildungsnachweis zu diesem Werk finden Sie unter http://extras.springer.com/.

1. allyaubry: Nicole's Many Emotions. http://www.flickr.com/photos/allyaubryphotography/2535453766/. Zugegriffen: 08.10.2015
2. °Florian: Seismograph. http://www.flickr.com/photos/fboyd/662095432/. Zugegriffen: 08.10.2015
3. (A3R) angelrravelor (A3R): televisión lado A. http://www.flickr.com/photos/angelrravelor/314306023/. Zugegriffen: 08.10.2015
4. Paul Mannix: Capilano Suspension Bridge, near Vancouver, Canada. http://www.flickr.com/photos/paulmannix/261313412/. Zugegriffen: 08.10.2015
5. Vincent Boiteau: Guendolyn Joy 3 © studio.es. http://www.flickr.com/photos/2dogs_productions/39745496/. Zugegriffen: 08.10.2015
6. Grafik der Autoren mit Smileys von Weronika Torkaska
7. Grafik der Autoren mit Smileys von Weronika Torkaska
8. Bhernandez: stressed and worried. http://www.flickr.com/photos/kenny-uhh/2917293212/. Zugegriffen: 08.10.2015
9. InfoMofo: Dinosaur. http://www.flickr.com/photos/infomofo/154877897/. Zugegriffen: 08.10.2015
10. Nelson Minar: Matterhorn. http://www.flickr.com/photos/nelsonminar/44975432/. Zugegriffen: 08.10.2015

Weiterführende Literatur

Arntz A, Rauner M, van den Hout M (1995) »If I feel anxious, there must be danger«: ex-consequentia reasoning in inferring danger in anxiety disorders. Behav Res Ther 33: 917–925
Dutton DG, Aron AP (1974) Some evidence for heightened sexual attraction under conditions of high anxiety. J Pers Soc Psychol 30: 510–517
Kabat-Zinn J, Kesper-Grossman U (2009) Die heilende Kraft der Achtsamkeit. Arbor, Freiburg
Verwoerd J, de Jong PJ, Wessel I, van Hout WJPJ (2013) »If I feel disgusted, I must be getting ill«: emotional reasoning in the context of contamination fear. Behav Res Ther 51: 122–127

Denkverzerrung 7: Vergiften die Zwänge die Gedanken? Das Netzwerk des Zwangs

Steffen Moritz, Marit Hauschildt

8.1 Einführung ins Thema – 99
8.1.1 Assoziationsspaltung – 99
8.1.2 Organisation des Gedächtnisses – 100
8.1.3 Technik der Assoziationsspaltung – 101

8.2 Übungen – 102
8.2.1 Übung: Assoziationsspaltung in Aktion – Die Gedanken befreien – 102

Abbildungsnachweis – 104

Weiterführende Literatur – 104

8.1 Einführung ins Thema

8.1.1 Assoziationsspaltung

Menschen mit Zwang weisen vielfach eine einseitige Verarbeitung und Interpretation mehrdeutiger Begriffe auf. So wird die Farbe Rot häufig eher mit Blut als mit Rosen in Verbindung gebracht. Die Zahl 13 löst leicht Ängste vor Unheil aus. Positive Assoziationen (d. h. gedankliche Verknüpfungen) wie z. B. das 13. Monatsgehalt oder das bekannte Kinderbuch *Jim Knopf und die Wilde 13* dringen dagegen nicht mehr ins Bewusstsein. Mehr und mehr Wörter erscheinen im Laufe der Zwangserkrankung »vergiftet« und werden zu Auslösern von Zwangsbefürchtungen.

Die von uns entwickelte Technik der »Assoziationsspaltung« soll diesen Prozess umkehren und den »vergifteten« Begriffen ihre Bedeutungsvielfalt zurückgeben. Die folgenden Seiten ermöglichen einen ersten Einstieg. Um ein tieferes Verständnis zu erlangen, können Sie sich das gesamte Behandlungskonzept kostenlos aus dem Internet über den Link http://www.uke.de/assoziationsspaltung herunterladen.

Viele Begriffe, die zum festen Vokabular des Zwangs geworden sind, tragen eine große Bedeutungsvielfalt in sich, die Sie sich zurückerobern können

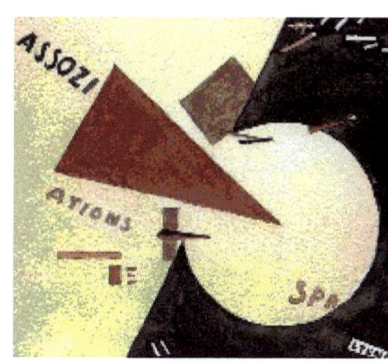

8.1.2 Organisation des Gedächtnisses

Kognitionen sind im Gehirn verknüpfte Bewusstseinsinhalte

Bevor die Technik konkret vorgestellt wird, muss zur Vermittlung der theoretischen Grundlagen ein wenig ausgeholt werden. Die Methode beruht auf der mittlerweile gut belegten Annahme, dass das menschliche Gedächtnis netzwerkartig organisiert ist. Bewusstseinsinhalte (auch Kognitionen genannt) wie Wörter oder Bilder sind im Gehirn entsprechend ihrer inhaltlichen Bedeutung verankert. In der stark vereinfachten Grafik sind beispielsweise Blumen, Farben und Früchte benachbart angeordnet.

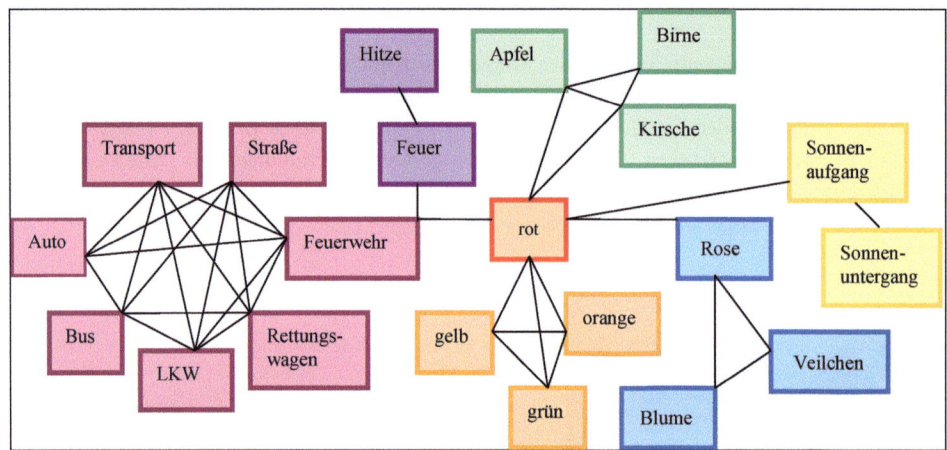

Vereinfachte Darstellung eines Netzwerkes um den Begriff »rot«

Entfernte Assoziationen hemmen sich, sodass es sehr schwerfällt, sich von bestimmten Gedanken durch vollkommen andere Gedanken abzulenken

Wird eine Kognition aktiviert, erfahren benachbarte Bewusstseinsinhalte durch Aktivationsausbreitung eine Reizung – d. h., bei Aktivierung des Wortes »Apfel« (z. B. indem man sich einen Apfel plastisch vorstellt oder das Wort ausspricht, liest oder hört) werden automatisch auch die Bedeutungsfelder für z. B. »Birne« und »rot« miterregt. Derartige Kettenreaktionen festigen die Verbindung zwischen den einzelnen Kognitionen. Umgekehrt nimmt die Assoziationsstärke zwischen Bewusstseinsinhalten ab, wenn die Begriffe nicht mehr zusammen verwendet werden.

Das klingt eventuell ein wenig abstrakt. Um Ihnen die Netzwerkstruktur des Gedächtnisses begreiflich (und erfahrbar) zu machen, möchten wir Sie zu einem kleinen Versuch einladen. Bitte beantworten Sie die folgenden vier Fragen möglichst schnell hintereinander:
- Welche Farbe hat Schnee?
- Welche Farbe hat ein Arztkittel?
- Welche Farbe hat ein Eisbär?
- Was trinkt eine Kuh?

Hoppla! Wie die meisten Menschen werden Sie auf die letzte Frage wahrscheinlich mit »Milch« statt der korrekten Antwort »Wasser« geantwortet haben. Das liegt daran, dass die Antwort auf die Vorfragen (d. h. »weiß«) und das Wort »Kuh« den Begriff »Milch« voraktiviert haben, sodass sich dieser gegen jede Logik durchsetzen konnte. Ohne die drei bahnenden Vorfragen tritt dieser Effekt nicht auf.

8.1.3 Technik der Assoziationsspaltung

Bei Menschen mit Zwängen sind alternative Bedeutungen von zwangsrelevanten Begriffen wie z. B. Krebs oder Brand verkümmert, da diese Wörter nur noch im Zwangszusammenhang gedacht werden (Krebs = Krankheit; Brand = Tod, Zerstörung): Das Denken kommt über die Zwangsbedeutung nicht hinaus, und den Betroffenen erscheint es manchmal sogar, als gäbe es gar keine anderen Sinnzusammenhänge (Alternativen: Krebs → Sternzeichen, Tier; Brand → Willy Brandt [ehemaliger Bundeskanzler], Zwieback).

Hier setzt die Technik der Assoziationsspaltung an. Sie macht sich den sogenannten »Fächereffekt« zunutze. Werden neue Assoziationen gebildet, so schwächt dies automatisch die Assoziationsstärke bereits angelegter Verknüpfungen, da sich die Gesamtladung auf mehr Assoziationen verteilt. Mit anderen Worten: Je mehr Assoziationen zu einem Begriff gebildet werden, desto geringer ist die Stärke jeder einzelnen Assoziation.

> Der Aufbau neuer Bedeutungen führt automatisch zur Abschwächung bestehender Assoziationen

Bei unserer Methode werden daher zu jeder Zwangskognition bewusst neue Assoziationen gebildet. Die neuen Gedankenverbindungen sollen zum einen neutral, positiv und/oder witzig sein und zum anderen auch einen inhaltlichen Bezug zum betreffenden Wort aufweisen oder sich darauf reimen. Angstauslösende oder negative Ausdrücke sollten nicht verwendet werden.

Hier ein Beispiel zu HIV:

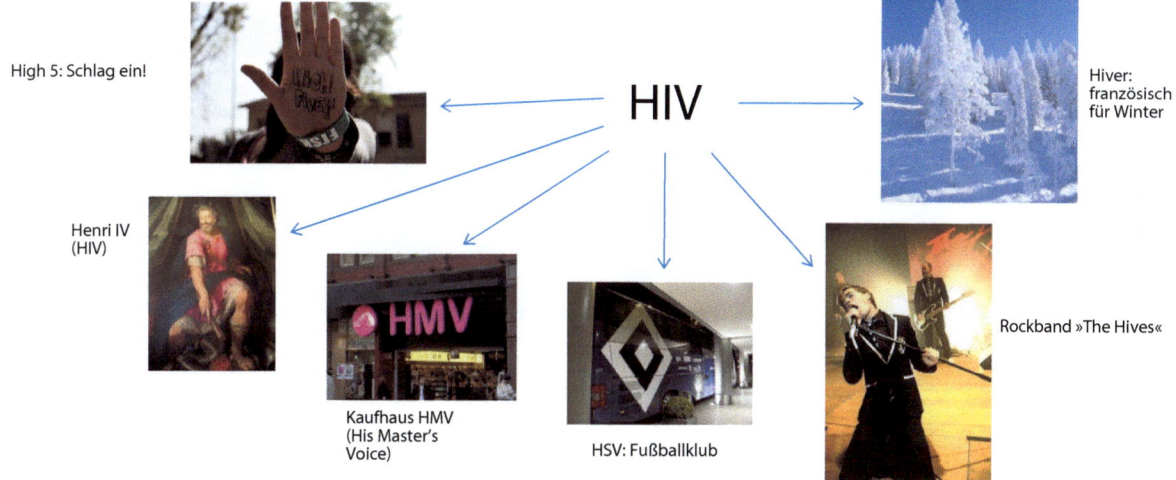

8.2 Übungen

8.2.1 Übung: Assoziationsspaltung in Aktion – Die Gedanken befreien

Die folgende Abbildung zeigt ein Beispiel für die Auffächerung des Begriffes »13« mithilfe der Assoziationsspaltung. Wie eben dargestellt, zielt das gedankliche Verknüpfen des Begriffs »13« mit anderen Assoziationen (Wörter und insbesondere auch Bilder bieten sich an) darauf ab, den Bedeutungszusammenhang zu Unheil zu schwächen. Dieser Prozess ist desto erfolgreicher, je mehr Assoziationen gefunden und je stärker die Begriffe eingeschliffen werden und schließlich in »Fleisch und Blut« übergehen. Die eventuell immer noch ausgelöste Unruhe wird im Idealfall beherrschbar.

Die Assoziationen sollen ca. 10 Minuten am Tag eingeübt werden – und möglichst **nur dann, wenn gerade keine Zwangsgedanken vorhanden sind**. Die neu gelernten Assoziationen sollen nicht in der Art eines Beschwörungsrituals verwendet werden, um aktuelle Zwangsgedanken zu neutralisieren.

Die Technik ist nicht als Ablenkungsmanöver gedacht, sondern dient der dauerhaften gedanklichen Umstrukturierung

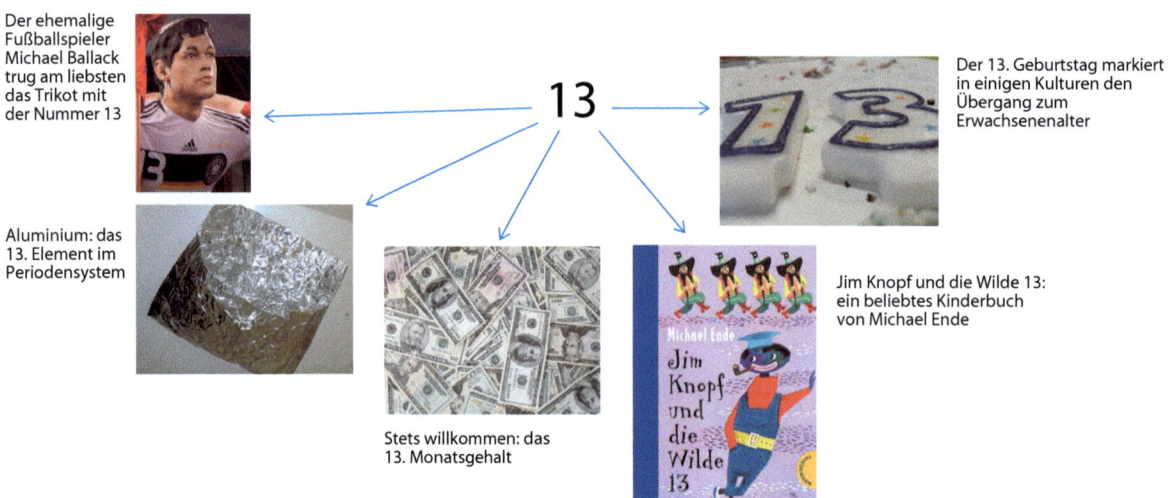

Diese Übung muss oft über viele Tage geübt werden, bevor sich ein spürbarer Erfolg einstellt. Üben Sie unbedingt weiter, auch wenn die Zwangsgedanken bereits abgenommen haben. Ein gelegentlicher Wechsel der Assoziationen kann hilfreich sein.

8.2.1.1 Los geht's

Für den Aufbau und die Stärkung neutraler und positiver Assoziationen gehen Sie folgendermaßen vor (eine ausführliche Darstellung finden Sie unter http://www.uke.de/assoziationsspaltung):

1. Suchen Sie einen Ort auf, an dem Sie ungestört sind.
2. Schreiben Sie einzelne Begriffe auf, die Kernelemente Ihres persönlichen Zwangssystems darstellen – also Wörter oder Vorstellungen, bei denen Zwangsgedanken aufkommen (z. B. Messer, Blut, Kinder, Krebs, Unfall, Einbruch).
3. Wählen Sie von diesen 1–3 Begriffe aus.
4. Schreiben Sie zu jedem Begriff **mehrere alternative Assoziationen** auf, die folgende Eigenschaften aufweisen:
   - Sie sind **neutral oder positiv** (d. h., sie haben nichts mit dem Zwangsgedanken zu tun und sind nicht angstauslösend). Auch Reimwörter sind erlaubt.
   - Die Assoziationen stehen (für Sie persönlich) in einem **sinnvollen Zusammenhang** (Beispiel: »Messer – Löffel«; »Messer – Gabel«; »Messer – Tisch«; »Messer – Mackie« [Figur aus der Dreigroschenoper von Bertolt Brecht]). Nicht geeignet wären also z. B. »Messer – Weihnachten« oder »Messer – Strand«, obwohl sie positiv sind und nicht angstauslösend – es sei denn, es gibt für Sie persönlich einen engen Zusammenhang zwischen diesen Begriffen.
   - Benutzen Sie keine Assoziationen, die den Zwang direkt attackieren (also »Krebs – kriege ich nicht«), da hier keine alternative Bedeutung eingeschliffen wird und die Gefahr besteht, dass die Methode zum Beschwörungs- oder Neutralisierungsritual wird.
5. Die neuen Assoziationen prägen sich besonders gut ein, wenn man sie sich mit so vielen Sinnen wie möglich vergegenwärtigt. Das heißt, es ist hilfreich, wenn Sie sich die neu ausgewählten Assoziationen bildlich vorstellen. Vielleicht können Sie hiermit auch einen Geruch oder Klang verbinden. Sie können zum Lernen der neuen Assoziationen auch mit Bildern aus Bilddatenbanken im Internet arbeiten (siehe vorherige Abbildung).
6. Schleifen Sie die neuen Assoziationen ein, indem Sie sich das **Kernelement** des Zwangsgedankens (also z. B. das Wort »Blut«, »Messer« oder »Kinder«) im Geiste vorsprechen und gleich danach eines der unter 4. ausgewählten assoziierten neutralen Wörter/Bilder aussprechen/lebendig vorstellen. Das Üben ist dem Lernen von Vokabeln nicht unähnlich.
7. Machen Sie die Übungen mehrmals am Tag, insgesamt ca. 10 Minuten. Sie sollten die Übungen möglichst dann durchführen, wenn Sie gerade keine Zwangsgedanken haben. Das Ziel ist, dass die neuen Assoziationen beim Aufkeimen von Zwangsgedanken einen Teil der »Assoziationsenergie« binden (Fächereffekt). So wird die Stärke des Zwangsgedankens geschwächt. Wichtig ist hierfür die Richtung der Assoziation (erst der zwangsauslösende Begriff, dann die neue Assoziation: also »Messer – Löffel«, »Messer – Gabel« usw. und nicht anders herum!).

> Nur durch regelmäßiges Üben bilden sich neue Verknüpfungen – diese Umstrukturierung im Gehirn braucht Zeit

Abbildungsnachweis

Die Rechteinhaber der Abbildungen sind in der Abfolge ihrer Darstellung aufgeführt. Den gesamten Abbildungsnachweis zu diesem Werk finden Sie unter http://extras.springer.com/.

1. Bernd Hampel für AG Neuropsychologie: Roter Keil (nach einer Vorlage von El Lissitzky)
2. Grafik der Autoren
3. Beispiel HIV (von links nach rechts):

    – steph vee.Δ: high five?. http://www.flickr.com/photos/stephanieveephotography/3314637189/. Zugegriffen: 08.10.2015

    – fredpanassac: Au château de Pau. http://www.flickr.com/photos/10699036@N08/1746672664/. Zugegriffen: 08.10.2015

    – Gene Hunt: Where I mostly shop for my entertainment needs. http://www.flickr.com/photos/raver_mikey/394605488/. Zugegriffen: 08.10.2015

    – savv: HSV-Bus. http://www.flickr.com/photos/savv/3089827563/. Zugegriffen: 08.10.2015

    – _titi: the hives. http://www.flickr.com/photos/tomatemaravilha/2843070446/. Zugegriffen: 08.10.2015

    – foto3116: snow ghosts 2. http://www.flickr.com/photos/29385617@N00/316408546/. Zugegriffen: 08.10.2015

4. Beispiel 13 (von links nach rechts):

    – Tomas Caspers: 13. http://www.flickr.com/photos/tomascaspers/2571978939/. ugegriffen: 08.10.2015

    – wstryder: Aluminium foil »booster« bag. http://www.flickr.com/photos/wstryder/3198646063/. Zugegriffen: 08.10.2015

    – Tracy O: Money!. http://www.flickr.com/photos/tracy_olson/61056391. Zugegriffen: 08.10.2015

    – Thienemann: Buchcover Jim Knopf und die Wilde. http://www.michaelende.de/buch/jim-knopf-und-die-wilde-13/. Zugegriffen: 08.10.2015

    – basheertome: Candles. http://www.flickr.com/photos/basheertome/2173687764/. Zugegriffen: 08.10.2015

Weiterführende Literatur

Jelinek L, Hottenrott B, Moritz S (2009) When cancer is associated with illness but no longer with animal or zodiac sign: investigation of biased semantic networks in obsessive-compulsive disorder (OCD). J Anxiety Disord 23: 1031–1036

Jelinek L, Hauschildt M, Hottenrott B, Kellner M, Moritz S (2014) Further evidence for biased semantic networks in obsessive-compulsive disorder (OCD): when knives are no longer associated with buttering bread but only with stabbing people. J Behav Ther Exp Psychiatry 45: 427–434

Moritz S, Jelinek L (2011) Further evidence for the efficacy of association splitting as a self-help technique for reducing obsessive thoughts. Depress Anxiety 28: 574–581

Moritz S, Jelinek L, Klinge R, Naber D (2007) Fight fire with fireflies! Association Splitting: a novel cognitive technique to reduce obsessive thoughts. Behav Cogn Psychother 35: 631–635

Reisberg D (2007) Associative theories of long-term memory. In: Reisberg D (ed) Cognition. Exploring the Science of the Mind, 3rd ed. W. W. Norton, New York

Denkverzerrung 8: Bin ich für alles und jeden verantwortlich? Übertriebenes Verantwortungsempfinden

Steffen Moritz, Marit Hauschildt

9.1 Einführung ins Thema – 107

9.2 Übungen – 108
9.2.1 Übung 1: Nicht mit zweierlei Maß messen – 108
9.2.2 Übung 2: Das Pferd von hinten aufzäumen – 108

Abbildungsnachweis – 111

Weiterführende Literatur – 111

9.1 Einführung ins Thema

Wir tragen für unsere Mitmenschen eine gewisse Verantwortung (z. B. sollten wir in Gegenwart von Kindern nicht fluchen oder über eine rote Ampel gehen), aber gleichzeitig sollten wir unser Gefühl der Verantwortung nicht übertreiben.

Bei vielen Menschen mit Zwang ist das Verantwortungsgefühl übersteigert. Negative Ereignisse, die außerhalb des eigenen Einflusses stehen (z. B. plötzliche Krankheiten im Freundeskreis, Erdbeben), werden der eigenen Person zugeschrieben. Wie bei vielen anderen Denkverzerrungen spielen eine strenge (religiöse) Erziehung oder kritische Lebensereignisse eine Schlüsselrolle, wenngleich dies nicht auf jeden Betroffenen zu verallgemeinern ist.

Etwas nicht verhindert zu haben, fühlt sich für Betroffene oft genauso schlimm an, als hätten sie es selbst aktiv verursacht

Wenn wir essen, können wir auch derer gedenken, die hungern. Wir brauchen uns aber nicht zu schämen, da wir als Einzelne Armut weder verursachen noch wirkungsvoll verhindern können. Wir können versuchen, einen Beitrag zu leisten (z. B. durch Spenden; Obdachlosen eine Zeitung abkaufen; Freunden, die uns brauchen, helfen). Die Welt retten können wir aber nicht.

Wie Adrian Wells und andere Forscher annehmen, entspringt überhöhtes Verantwortungsempfinden bei Zwang teilweise auch magischem Denken, insbesondere der Illusion, die eigenen Gedanken könnten (schlimme) Dinge bewirken. Lesen Sie bitte noch einmal das Kapitel zu ▶ Denkverzerrung 2, wenn Sie unter entsprechenden Skrupeln und Ängsten leiden. Überlegen Sie auch, inwieweit ein erhöhtes Verantwortungsgefühl oder übertriebene Fürsorge nicht auch Ärger gegenüber der anderen Person überdeckt. Schauen Sie sich noch einmal den Teufelskreis aus Aggression, Schuld und Enttäuschung in ▶ Denkverzerrung 1 an. Dies muss nicht auf Sie zutreffen; eine Überlegung ist es aber wert.

Verabschieden Sie sich von der Idee, kraft Ihres Denkens Schaden anrichten zu können – Sie sind nicht der Gedanke, Sie haben ihn nur!

Atlas aus der griechischen Mythologie: Von Zeus dazu verdammt, für alle Zeit die Welt und das Schicksal der Menschen zu tragen

9.2 Übungen

9.2.1 Übung 1: Nicht mit zweierlei Maß messen

Hinterfragen Sie kritisch Ihre Bewertungsmaßstäbe: Gilt für Sie selbst dasselbe wie für andere?

Menschen mit Zwängen haben – oft ohne es zu wissen – »doppelte Standards«: Es wird aufgrund entsprechender Erziehung eine höhere moralische Messlatte an sich selbst als an andere gelegt.

Finden Sie heraus, ob das bei Ihnen auch so ist. Stellen Sie sich 2–4 Missgeschicke der folgenden Art vor (▶ Arbeitsblatt 14):
- Ihnen wird im Ausland Geld gestohlen, nachdem Sie die Autotür nicht abgeschlossen haben.
- Sie haben den Geburtstag eines guten Freundes vergessen.

Überlegen Sie nun, wie hart und mitleidslos Sie mit sich selbst ins Gericht gehen würden oder vielleicht sogar schon gegangen sind. Bei zukünftigem tatsächlichem oder angeblichem Fehlverhalten probieren Sie sich selbst das zu sagen, was Sie in einer vergleichbaren Situation einem guten Freund raten würden. Wahrscheinlich würden Sie ihm aufrichtig Trost spenden und gute Gründe nennen, weshalb sein Missgeschick verzeihlich ist.

9.2.2 Übung 2: Das Pferd von hinten aufzäumen

Ein Ereignis wird durch viele Ursachen bedingt – durch Umstände, andere Personen und möglicherweise auch durch Sie selbst

Viele Menschen mit Zwängen halten sich allein für Misserfolg verantwortlich. Unglückliche Umstände, die eventuelle Unvermeidbarkeit des Ereignisses oder auch die Rolle anderer Personen bleiben unberücksichtigt.

Sie sollten daher stets drei Ursachenquellen unterscheiden und diese bei jedem Ereignis sorgfältig berücksichtigen: **Umstände, andere Personen und sich selbst**. Wenn Sie zu einem übertriebenen Verantwortungsgefühl neigen, überlegen Sie zunächst, welche Umstände und Handlungen (oder auch Unterlassungen) anderer Personen eine Mitursache gespielt haben könnten, bevor Sie Ihren eigenen Anteil bemessen.

Bei genauer Betrachtung haben Ereignisse selten eine einzige Ursache. Umstände und andere Personen (oft mehrere zugleich) spielen häufig eine wichtigere Rolle als wir selbst. Menschen mit übertriebenem Verantwortungsempfinden fangen bei der Ursachenforschung für negative Ereignisse bei sich selbst an und bleiben dann »kleben«, d. h., sie grübeln über das eigene (angebliche) Fehlverhalten und sind außerstande, weitere Ursachen zu benennen (siehe Abbildung A).

Nachdem Sie alle weiteren Einflussaktoren einbezogen haben: Wie groß ist Ihr Anteil?

»Zäumen Sie hier das Pferd von hinten auf« und überlegen Sie mithilfe eines Tortendiagramms zunächst, welchen Ursachenbeitrag andere Personen, Um-

Übungen

stände oder Zufälle leisten. Tragen Sie erst danach Ihren Anteil ein. Sie werden sehen, dass sich der eigene Einfluss deutlich relativiert (siehe B).

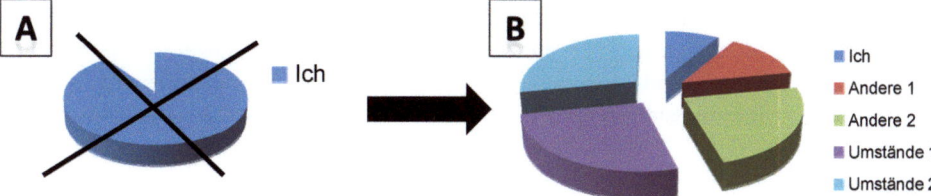

- **Beispiel**

Sie arbeiten seit Mai als Kellner/in in einem Restaurant und verlieren im Oktober Ihren Job. Obwohl Sie schnell wieder etwas anderes finden, nagt diese Erfahrung an Ihnen und Sie suchen die Schuld allein bei sich selbst (»Ich war nicht gut genug, deshalb musste ich gehen«). Bei nüchterner Betrachtung erscheint aber eine Reihe anderer Faktoren ausschlaggebender.

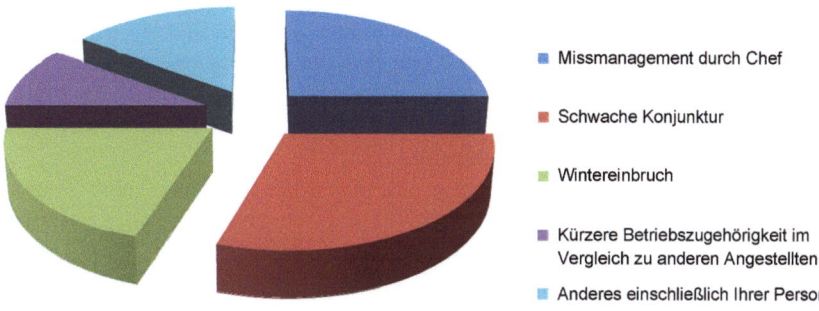

- **Weiteres Beispiel**

Ihre beste Freundin wurde überraschend von ihrem Partner verlassen und ist völlig am Boden zerstört. Sie konnten Sie telefonisch nicht erreichen, da Sie im Kino waren. Als Sie davon erfahren, machen Sie sich zunächst große Selbstvorwürfe (»Was bin ich nur für eine Freundin: Ich habe Spaß, während es ihr schlecht geht.«). Bei genauerer Betrachtung erscheinen andere Faktoren für das Leid Ihrer Freundin viel bedeutsamer: die Trennung selbst; der Exfreund; die Umstände (keiner ahnte etwas)… Der »Schuldkuchen« könnte wie folgt aussehen:

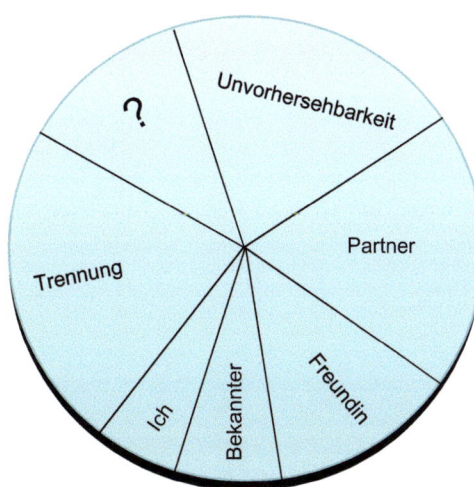

Vergessen Sie nicht die Rolle des Zufalls!

- **Nun sind Sie an der Reihe**

Schlüsseln Sie eigene belastende Erlebnisse analog dem Beispiel oben auf. Schneiden Sie im ▶ Arbeitsblatt 15 »Tortenstücke« an: Bemessen Sie die Größe abhängig davon, wie gewichtig der Anteil von Umständen, anderen Personen und Ihnen selbst am Zustandekommen eines bestimmten (befürchteten) Ereignisses ist. Fangen Sie mit Umständen und anderen Personen an. Für bis zu drei Personen oder Umstände wurden Platzhalter gelassen. Identifizieren Sie so viele Einflussfaktoren wie möglich und tragen Sie diese in das ▶ Arbeitsblatt 15 ein.

- **Nachtrag!**

Um Missverständnissen vorzubeugen: Man sollte sich sehr wohl um seine Freunde und Verwandten kümmern und auch weiterhin der sozialen Umwelt nicht mit emotionaler Kälte begegnen. Die Fürsorge für andere darf aber nicht in eigener Erschöpfung münden. Halten Sie also Augenmaß. Sie haben mehr Möglichkeiten zu helfen als nur die Auswahl zwischen den beiden Extremen maximale Hilfe oder aber Tatenlosigkeit. Beispiel: Ein Freund zieht um und Sie möchten ihm helfen. Andererseits haben Sie starke Rückenprobleme. Ruinieren Sie nicht Ihre Gesundheit, aber demonstrieren Sie Ihren guten Willen, indem Sie anderweitig Hilfe anbieten (z. B. beim Möbelkauf oder bei der Einrichtung beraten). Wenn ein guter Freund in finanzieller Not ist, überlegen Sie sich gut, ob und wie Sie ihm helfen können und wollen. Geben Sie ihm nur etwas, wenn Sie das Geld derzeit wirklich nicht brauchen und Sicherheiten bestehen. Anderenfalls droht der Freundschaft eine spätere Belastungsprobe. Falls Sie es sich nicht leisten können, gibt es noch die Möglichkeit, ihn bei der Suche nach einer Bank oder anderweitig zu unterstützen.

Das sollen Beispiele dafür sein, dass man helfen kann, ohne seine Grenzen zu überschreiten.

Abbildungsnachweis

Die Rechteinhaber der Abbildungen sind in der Abfolge ihrer Darstellung aufgeführt. Den gesamten Abbildungsnachweis zu diesem Werk finden Sie unter http://extras.springer.com/.

1. Lance and Erin: Statue of Atlas. http://www.flickr.com/photos/lance_mountain/138369342/. Zugegriffen: 08.10.2015
2. gromgull: Spilling wine. http://www.flickr.com/photos/gromgull/3375802661/. Zugegriffen: 08.10.2015
3. Grafik der Autoren
4. Grafik der Autoren
5. Grafik der Autoren

Weiterführende Literatur

Myers SG, Wells A (2005) Obsessive-compulsive symptoms: the contribution of metacognitions and responsibility. J Anxiety Disord 19: 806–817

Rachman S (1993) Obsessions, responsibility and guilt. Behav Res Ther 31: 149–154

Rachman S, Thordarson DS, Shafran R, Woody SR (1995) Perceived responsibility: Structure and significance. Behav Res Ther 33: 779–784

Salkovskis PM, Wroe AL, Gledhill A, Morrison N, Forrester E, Richards C, Reynolds M, Thorpe S (2000) Responsibility attitudes and interpretations are characteristic of obsessive-compulsive disorder. Behav Res Ther 38: 347–372

Smari J, Holmsteinsson HE (2001) Intrusive thoughts responsibility attitudes, thought-action fusion, and chronic thought suppression in relation to obsessive-compulsive symptoms. Behav Cogn Psychother 29: 13–20

Denkverzerrung 9:
Ist gut nicht gut genug?
Perfektionismus

Steffen Moritz, Marit Hauschildt

10.1 Einführung ins Thema – 115
10.1.1 Perfektion – ein überhöhter Anspruch – 115
10.1.2 Perfektes Leben? – 116

10.2 Übungen – 118
10.2.1 Übung 1: Auf scheinbar perfekte Personen achten – 118
10.2.2 Übung 2: Machen Sie bewusst Fehler – 118

Abbildungsnachweis – 119

Weiterführende Literatur – 119

10.1 Einführung ins Thema

Perfektion – **Ein Muss?**

10.1.1 Perfektion – ein überhöhter Anspruch

Nennen Sie eine wirklich perfekte Person: der Papst, Mutter Teresa, der US-Präsident? Jeder hat Ecken, Kanten und auch Fehler. Personen, die (scheinbar) perfekt aussehen oder reden, werden manchmal sogar als langweilig erlebt oder schrecken ab.

Streben nach Perfektion kann unglücklich und ängstlich machen. So haben viele Konzertmusiker, von denen Perfektion erwartet wird, Angststörungen – aus der Sorge heraus, Fehler zu begehen. Perfektion ist ein überhöhter Anspruch, den wir Menschen gar nicht erfüllen können (Maschinen im Übrigen auch nicht).

Glauben Sie, dass die Welt keine Fehler verzeiht? Schalten Sie den Fernseher ein! Es gibt Fernsehsprecher und *Stars*, die lispeln (z. B. Katja Burghard, RTL), sich oft verhaspeln (z. B. Stefan Raab) oder nicht unbedingt dem Schönheitsideal entsprechen (z. B. der verstorbene Dirk Bach: Glatze, klein und dick), aber dennoch beliebt und »gut im Geschäft« sind.

Achten Sie darauf, wie häufig auch von Spitzenpolitikern und anderen Medienprofis »äh« gesagt wird. Durchstöbern Sie das Internet nach kuriosen Verhasplern. Stefan Raab hat z. B. scherzhaft behauptet, er sei der einzige ehemalige Star der ersten Generation des Musiksenders Viva, der immer noch erfolgreich ist, wohl weil er nie am damals empfohlenen Sprachunterricht teilgenommen habe! Udo Lindenberg hatte zum Beginn seiner Karriere mit Lampenfieber zu kämpfen. Diesen überwand er laut einem Interview im *Stern*, indem er sich von falschen Idealen verabschiedete: »… Ich habe mir gesagt: Ich bin ja nicht Caruso, sondern der Lindenberg, und ich glaube an meine Songs. Du musst was Gutes haben, das ist das Wichtigste. Ich bin nur der Überbringer dieser frohen Botschaft, die in meinen Liedern steckt.«

Der junge Udo Lindenberg

»Ich darf keine Fehler machen« – auch bei monotonen Arbeiten ist eine Fehlerrate von mindestens 5 % normal. Irren ist menschlich!

Hinterfragen Sie Ihre Ansprüche an sich selbst

10.1.2 Perfektes Leben?

- **Kennen Sie die abgebildeten Personen?**

- **Was haben diese Menschen gemeinsam?**

Sie sind bzw. waren berühmt, reich, gut aussehend, erfolgreich…

▶ Noch etwas?

Sie sind bzw. waren berühmt, reich, gut aussehend, erfolgreich… und alle hatten psychische Probleme.

Der britische Fußballstar **David Beckham** leidet unter Zwängen. Es fällt ihm schwer, zu ertragen, wenn Gegenstände in seiner Umgebung nicht symmetrisch angeordnet sind. In einem Interview klagte er darüber, dass seine Beschwerden zu einem hohen Zeitverlust sowie zwischenmenschlichen Konflikten führten.

Robbie Williams wurde bekannt als Mitglied der Band »Take That«, die er aufgrund von Drogenproblemen verlassen musste. Er startete danach erfolgreich eine Karriere als Solokünstler. Im Februar 2007 wurde er wegen seiner Tablettensucht und Depressionen in eine Klinik aufgenommen.

Marilyn Monroe, berühmtes Fotomodell und Schauspielerin, hatte während ihrer Karriere starke Alkohol- und Drogenprobleme, hinter denen sich weitere psychische Schwierigkeiten verbargen. Sie begab sich zeitweise auch in Psychotherapie. Im Alter von 36 Jahren nahm sie sich mit einer Überdosis Schlaftabletten das Leben.

Elvis Presley, der »King of Rock'n Roll«, litt jahrelang an Übergewicht und starker Medikamentenabhängigkeit infolge psychischer Probleme. Gegen Ende seiner Karriere kamen nach Berichten seiner Freunde finanzielle Probleme hinzu.

Von den folgenden Prominenten ist öffentlich bekannt, dass Sie unter Zwangssymptomen leiden oder litten: Howard Hughes (1905–1976): amerikanischer Flieger und Industrieller; Billy Bob Thornton (1955 geboren): preisgekrönter amerikanischer Schauspieler, Sänger und Regisseur; Howie Mandel (1955 geboren): in Kanada sehr bekannter Komiker und Quizmaster.

Zwänge kommen auch bei herausragenden Persönlichkeiten vor

10.2 Übungen

Nobody is perfect!

10.2.1 Übung 1: Auf scheinbar perfekte Personen achten

Egal, was Ihnen vielleicht beigebracht wurde: Es ist unmöglich, perfekt zu sein, und in den meisten Situationen auch nicht erstrebenswert. Achten Sie bewusst auf scheinbar perfekte Personen. Sie werden sehen: Auch Entertainer verhaspeln sich, Models haben Falten, Unterhaltungskünstler machen gelegentlich Witze, über die niemand lacht… Und wie gesehen: Auch Stars können psychische Probleme haben… Das soll kein Anlass für Schadenfreude sein, verdeutlicht aber, dass menschliche Schwächen niemanden verschonen (▶ Arbeitsblatt 16).

10.2.2 Übung 2: Machen Sie bewusst Fehler

- Tragen Sie ein Hemd, das einen kleinen Fleck hat oder nicht gebügelt ist.
- Ziehen Sie zwei unterschiedlich farbige Socken an.
- Benutzen Sie eine Redewendung bewusst falsch (z. B. »die Kuh vom Greis holen« statt »die Kuh vom Eis holen«).
- Schreiben Sie bewusst in einer E-Mail oder einem Brief ein Wort falsch.

Falls jemand den Fehler bemerkt (was nicht oft der Fall sein wird): War's so schlimm?

- **Welche konkreten Befürchtungen bestehen?**

Haben Sie z. B. Angst, ausgelacht zu werden (◘ Tab. 10.1)? Tragen Sie eigene Beispiele in die Tabelle in das ▶ Arbeitsblatt 17 ein.

Seien Sie bewusst nicht perfekt – treten Ihre Befürchtungen tatsächlich ein?

◘ Tab. 10.1

Fehler	Befürchtete Konsequenz?	Tatsächliche Konsequenz?
Schlips falsch gebunden	Jeder bemerkt den Fehler. Sie werden schallend ausgelacht, der Chef rüffelt Sie (»Sie sind doch kein Kind mehr«).	Keiner der männlichen Kollegen nahm Notiz, eine ältere Kollegin lächelte nachsichtig und machte Sie auf den Fehler aufmerksam mit den Worten: »Sie erinnern mich manchmal an meinen Mann…«
Bei einer Erzählung ein paar Fakten durcheinandergebracht	Die halten mich jetzt alle für einen Lügner und wenig vertrauenswürdig.	War außer mir selbst niemandem aufgefallen.

Abbildungsnachweis

Die Rechteinhaber der Abbildungen sind in der Abfolge ihrer Darstellung aufgeführt. Den gesamten Abbildungsnachweis zu diesem Werk finden Sie unter http://extras.springer.com/.

1. / 8. LittleGreyCoconut: Adriana. https://www.flickr.com/photos/coconutphotos/15303648048/. Zugegriffen: 08.10.2015
2. Jorbasa Fotografie: Stuttgart – Porsche Museum (Udo Lindenberg Ausstellung). https://www.flickr.com/photos/jorbasa/16952853376/. Zugegriffen: 08.10.2015
3. Zusammenstellung berühmter Persönlichkeiten: siehe 4.–7. (von links nach rechts)
4. Yahoo Pressebilder: Unbenannt. https://www.flickr.com/photos/yahoo_pressebilder/4681287619/. Zugegriffen: 08.10.2015
5. gwelt: Robbie Williams. http://www.flickr.com/photos/50504967@N00/190454727/. Zugegriffen: 08.10.2015
6. tallmariah: Marilyn Monroe. http://www.flickr.com/photos/tallmariah/171018433/. Zugegriffen: 08.10.2015
7. Elvis Presley show 03. https://www.flickr.com/photos/7477245@N05/5255290635/. Zugegriffen: 08.10.2015

Weiterführende Literatur

Frost RO, Steketee G. (1997) Perfectionism in obsessive-compulsive disorder patients. Behav Res Ther 35: 291–296

Frost RO, Novara C, Rhéaume J (2002) Perfectionism in obsessive-compulsive disorder. In: Frost RO, Steketee G (eds) Cognitive Approaches to Obsessions and Compulsions: Theory, Assessment, and Treatment, Pergamon, Oxford, S 91–107

Grøtte T, Solem S, Vogel PA, Guzey IC, Hanse B, Myers SG (2015) Metacognition, responsibility, and perfectionism in obsessive-compulsive disorder. Cognit Ther Res 39: 41–50

Denkverzerrung 10:
Muss ich alles ganz genau wissen?
Suche/Sucht nach Wahrheit

Steffen Moritz, Marit Hauschildt

11.1 Einführung ins Thema – 123

11.2 Übungen – 124
11.2.1 Übung 1: Ist absolute Wahrheit erreichbar – und überhaupt erstrebenswert? – 124
11.2.2 Übung 2: Weniger ist mehr – 125

Abbildungsnachweis – 126

Weiterführende Literatur – 126

11.1 Einführung ins Thema

Menschen mit Zwang haben oft den Drang, Dingen auf den Grund zu gehen und können Ungewissheit schwer ertragen.

Das ist zu einem bestimmten Grad normal (z. B. lesen viele Menschen bei Krimis das Ende vorweg, da sie die Spannung nicht aushalten). Andererseits existieren Lebensbereiche, in denen es keine absolute Wahrheit gibt (z. B. Was ist Intelligenz?) bzw. in denen sich Dinge ändern können (z. B. Treue, Liebe). Hier bleibt uns nichts anderes übrig, als die Unsicherheit zu akzeptieren. Absolute Wahrheit ist nicht zu erlangen!

Wissenschaftler haben sich damit längst abgefunden: Keine seriöse wissenschaftliche Studie nimmt für sich in Anspruch, 100%-iges Wissen zu erzeugen und unangreifbar zu sein. Viele Fachzeitschriften (z. B. das *Journal of Behavior Therapy and Experimental Psychiatry*) fordern die Autoren sogar dazu auf, Schwächen ihrer Studien offenzulegen. Bei 95 % Sicherheit wird in der Wissenschaft von der Signifikanz (Bedeutsamkeit) eines Befundes gesprochen, und er wird vorläufig als korrekt – aber keinesfalls als unumstößliche Wahrheit – angenommen.

> Wie wunderbar wäre eine Welt, in der es absolute Wahrheit gibt?

> Wahrheit ist meist relativ und unterliegt dem Wandel

Goethes »Faust«: Dr. Faust ist das Sinnbild des Gelehrten, der nach dem absoluten Wissen trachtet… und scheitert

11.2 Übungen

11.2.1 Übung 1: Ist absolute Wahrheit erreichbar – und überhaupt erstrebenswert?

Machen Sie eine Liste (▶ Arbeitsblatt 18) von bis zu fünf Ereignissen, bei denen es schade wäre, wenn Sie schon vorher wüssten, was passieren wird (z. B. Geburtstagsüberraschung).

Schreiben Sie außerdem jeweils bis zu drei Dinge auf, bei denen es keine Wahrheit gibt, weil sie
- geschmacksabhängig (z. B. Kunst),
- definitionsabhängig (z. B. Intelligenz),
- veränderlich (z. B. Liebe) oder
- kulturabhängig (z. B. was ist männlich?) sind.

Was wäre, wenn …?   Überlegen Sie, in welche Kategorie Ihre dringlichste Frage nach der Wahrheit gehört (z. B. »Bin ich klug?«). Beziehen Sie an dieser Stelle auch die Frage mit ein: »Was wäre so schlimm daran, wenn…« – wären die Konsequenzen wirklich dramatisch? Vergegenwärtigen Sie sich hierzu bei Bedarf auch noch einmal ▶ Denkverzerrung 4 (Ist die Welt gefährlich?).

- **Tücken in der Kommunikation**

Ein Satz – viele Wahrheiten!   »Die Ampel ist grün«: Viele soziale Situationen bleiben uns eine klare Antwort schuldig. In diesem Beispiel des Psychologen Friedemann Schulz von Thun wissen wir nicht genau, wie der Mann den Satz gemeint hat. Benennt er das Offensichtliche, will er die Frau zur Eile antreiben oder erhebt er sich eventuell sogar über sie, weil er der vermeintlich bessere Autofahrer ist? Wir wissen es nicht. Eine eindeutige wahre Botschaft lässt sich nicht ableiten.

Menschliche Kommunikation hat ihre Tücken. Forscher fanden heraus, dass eine Vielzahl von E-Mails vom Empfänger anders verstanden werden, als sie vom Sender gemeint sind! Das Setzen von Smileys wie :-) und anderer sogenannter »Emoticons« verringert das Problem – löst es aber nicht.

11.2.2 Übung 2: Weniger ist mehr

Eine besondere Form der Suche/Sucht nach Wahrheit oder Vollständigkeit begegnet uns bei vielen Menschen mit Hort- und Sammelzwängen, oft als »Messies« bezeichnet (abgeleitet aus dem Englischen »messy« = unordentlich). Während Menschen mit dem übermäßigen Bestreben nach Gewissheit im Meer der widersprüchlichen Informationen zu ertrinken drohen, geht der Messie ganz konkret im Müll seines Hauses unter. Neue Gegenstände werden beschafft, aber nichts wird entsorgt, weil jeder Gegenstand für wichtig gehalten wird oder aber mal wichtig werden könnte. Das Stöbern nach Informationen und Dingen gleicht zunehmend einer Gespensterjagd, bei der sich keine Befriedigung einstellt: Nach der Suche ist vor der Suche.

Therapeutische Methoden gegen Hort- und Sammelzwang sind vielfältig, sollten aber je nach Ursachen und spezifischen Befürchtungen mit einem Spezialisten angegangen werden. Als Maßnahmen kommen unter anderem infrage:

> Hort- und Sammelzwänge können auch im Zusammenhang mit anderen psychischen Störungen auftreten

- **Konfrontation**

Nachdem Einsicht erlangt wurde, dass zu viel auch wirklich zu viel ist, werden alle Regale, Stapel, Kisten etc. nacheinander ausgemistet (siehe auch ▶ Abschn. 5.2.4). Häufig geben die Betroffenen an, dass die tatsächlichen Konsequenzen und Ängste weit weniger schlimm waren als befürchtet. Alternativ stellt man zwei Wannen auf, eine für »Wichtiges« und eine für »Unwichtiges«. Die zweite Wanne sollte sogleich zu einer Müllsammelstelle gebracht werden – ohne die Möglichkeit, sich später umzuentscheiden.

- **»Feuer mit Feuer bekämpfen«, Aufstellen von Gegen- oder Zusatzregeln**

Strikte Regeln können helfen, die zu Türmen wachsenden Stapel, aus allen Nähten platzenden Kisten oder überquellenden Regale zu begrenzen und schließlich abzubauen. Beispiele für solche Kriterien sind: Wegschmeißen von mindestens 20 Dingen am Tag; die Vernichtung aller Zeitungen und Zeitschriften, die älter als ein Jahr sind; die Vernichtung von Kopien und Dokumenten, die auch im Internet beziehbar sind und daher nicht extra ausgedruckt werden müssen. Oder aber Dinge dürfen nur neu beschafft werden, wenn dafür dieselbe Menge von Objekten entsorgt wird. Ordnungsliebende Personen, denen die Einhaltung von Regeln sehr wichtig ist, gelingt es manchmal sehr gut, den Zwang zum Sammeln und Aufbewahren mit Gegenregeln in Schach zu halten. Der Zwang wird so ein wenig mit seinen eigenen Waffen geschlagen.

> Der Zwang lässt sich manchmal mit seinen eigenen Waffen schlagen!

Diese Technik kann als letztes Mittel auch bei Menschen mit Wiederholungszwängen eingesetzt werden, die ständig dasselbe tun müssen: Statt Dinge zigmal zu wiederholen, bis der zwanghafte Drang gestillt ist, gibt man sich den Befehl, etwas nur **ein einziges Mal** zu tun.

Abbildungsnachweis

Die Rechteinhaber der Abbildungen sind in der Abfolge ihrer Darstellung aufgeführt. Den gesamten Abbildungsnachweis zu diesem Werk finden Sie unter http://extras.springer.com/.

1. Ulrich Zeuner: Simm – Franz Xaver Simm: Goethes Faust. Mit Bildern von F. Simm. Deutsche Verlagsanstalt, o. J. (1899). https://www.flickr.com/photos/112156593@N05/16524463806/. Zugegriffen: 08.10.2015
2. Marina Ruiz-Villarreal für AG Neuropsychologie: Die Ampel ist grün (nach einer Idee von Schulz von Thun). Zugegriffen: 08.10.2015

Weiterführende Literatur

Abramowitz JS, Khandker M, Nelson CA, Deacon BJ, Rygwall R (2006) The role of cognitive factors in the pathogenesis of obsessive-compulsive symptoms: a prospective study. Behav Res Ther 44: 1361–1374

Gentes EL, Ruscio AM (2011) A meta-analysis of the relation of intolerance of uncertainty to symptoms of generalized anxiety disorder, major depressive disorder, and obsessive–compulsive disorder. Clin Psychol Rev 31: 923–933

Schulz von Thun F (2014) Miteinander reden 1–4: Störungen und Klärungen. Stile, Werte und Persönlichkeitsentwicklung. Das »Innere Team« und situationsgerechte Kommunikation. Fragen und Antworten. Rowohlt, Reinbek bei Hamburg

Trunz E, von Goethe JW (2014) Faust: Der Tragödie erster und zweiter Teil. Urfaust. 3. Aufl. C. H. Beck, München

Denkverzerrung 11:
Hilft Grübeln, Probleme zu lösen?
Gefangen in der Endlosschleife

Steffen Moritz, Marit Hauschildt

12.1 Einführung ins Thema – 129

12.2 Übungen – 130
12.2.1 Übung 1: Stopp-Signale setzen – 130
12.2.2 Übung 2: Aufschub – 131

Abbildungsnachweis – 132

Weiterführende Literatur – 132

12.1 Einführung ins Thema

Grübeln hilft, Probleme zu lösen – stimmt das?

> Stopp! Denken Sie bitte erst über eine Antwort nach, bevor Sie weiterlesen!

Nachdenken über sein bisheriges Leben, seine Schwächen oder Sorgen ist prinzipiell sinnvoll. Dabei besteht aber die Gefahr, es zu übertreiben und sich in fruchtlosen Grübeleien zu verstricken (z. B. »Wieso trifft die Erkrankung gerade mich?«). Ob intensives Nachdenken in der jeweiligen Situation zielführend ist und zu Einsicht, planvollem Handeln oder Veränderung führt oder aber im »dumpfen Brüten« steckenbleibt, ist am Anfang nicht immer leicht vorherzusagen. Aber: Wenn Sie feststellen, dass Ihr Denken mehr Fragen als Antworten aufwirft und sich kein Erkenntnisfortschritt einstellt, dann ist es an der Zeit, die Endlosschleife zu durchbrechen.

Jeder Mensch hat eine gewisse »Betriebsblindheit«. Wenn wir keine neuen Informationen oder Ratschläge annehmen (oder gar nicht erst suchen), verrennen wir uns schnell oder wir haften an denselben Gedanken und drehen uns im Kreis (sehen »den Wald vor lauter Bäumen nicht«).

Tauschen Sie sich daher unbedingt mit vertrauenswürdigen Menschen aus (Freunde, gute Bekannte, Therapeut), um neue Perspektiven und Ansichten kennenzulernen und die Dinge mit etwas Distanz zu betrachten (aus der Vogelperspektive lässt sich der Wald viel besser überblicken). Dies hilft, dem Teufelskreis des Grübelns zu entkommen!

Grübelgedanken geben sich oft als Ratgeber aus, entpuppen sich aber als falsche Freunde, die stetig weiter verunsichern

12.2 Übungen

12.2.1 Übung 1: Stopp-Signale setzen

Eine weitere Methode, das Grübeln zu unterbrechen, besteht darin, sich laut oder leise »Stopp« zu sagen (▶ Arbeitsblatt 19). Wenn Grübelgedanken auftreten, sagen Sie: »Stopp!« Unterstützen Sie dies mit inneren Bildern (z. B. Stoppschild) oder ballen Sie Ihre Hand zu einer Faust. Tun Sie dann möglichst etwas anderes (alternatives Verhalten statt Gedankenunterdrückung).

> Nicht bei allen Betroffenen funktioniert diese Übung. Wenden Sie sie nur weiter an, wenn sich ein spürbarer Erfolg einstellt!

Bringen Sie Ihr Grübeln aus dem Takt – durch körperliche und gedankliche Akrobatik

Auch Sport und Bewegungsübungen können wirksam sein. Ahmen Sie z. B. einen Beruf nach (z. B. Dirigent oder Torero) oder spannen und entspannen Sie nacheinander verschiedene Muskelgruppen. Die Gedankenendlosschleife wird hierdurch meist durchbrochen, da die geistige Energie neu gebunden ist.

Einige Betroffene können das Grübeln unterbrechen, indem der »Denktakt« des Grübelns verändert wird. Wie bei einem Sprung in der Schallplatte: Ein kleiner Stups gegen die Plattennadel genügt, und die Musik läuft weiter. Das erreichen einige Betroffene über die vorgestellte Stopptechnik, aber auch, indem sie sich einen lauten Knall vorstellen.

Alternativ können Sie probieren, die Kernwörter, die Ihnen im Kopf rumspuken (z. B. Krebs, Tod, was ist wenn ...?), vor dem geistigen Ohr zu dehnen und künstlich zu verlangsamen, so wie bei einer Schallplatte, die man zu langsam auf dem Plattenspieler abspielt, bis der Ton irgendwann gänzlich abgewürgt ist. Das unterbricht und irritiert das Denken häufig und verhindert, dass das Grübeln wieder einsetzt.

Gedankensprünge können ebenfalls hilfreich sein, wie Sie bereits im Kapitel zur Assoziationsspaltung erfahren haben

Gedankliches Springen zu einem verwandten Wort in einem anderen Zusammenhang kann ebenfalls hilfreich sein (siehe die Ausführungen zur Assoziationsspaltung in ▶ Denkverzerrung 7).

Überdies können auch bestimmte Formen der Ablenkung das Grübeln unterbrechen, indem Sie sich z. B. bewusst »Unsinn-Fragen« stellen (z. B. Wie lange dauerte der Dreißigjährige Krieg? Welcher berühmte Maler lebte jahrelang im Rembrandt-Haus?).

Viele Wege führen nach Rom. Experimentieren Sie ein wenig mit den Methoden herum, um herauszufinden, was bei Ihnen am besten hilft (▶ Arbeitsblatt 19).

Sprung in der Platte

12.2.2 Übung 2: Aufschub

Zwangsimpulsen wird oft unmittelbar und zumeist vorauseilend gehorsam Folge geleistet, um Angst, Spannung oder andere negative Gefühle zu reduzieren, die das Unterlassen der Handlung auslösen würden.

Unternehmen Sie das folgende Experiment: Statt dem Zwang oder den Grübeleien direkt nachzugeben, nehmen Sie sich vor, zu einem späteren konkreten Zeitpunkt (z. B. abends um 20 Uhr) eine Viertelstunde darauf zu verwenden. Vereinbaren **Sie** einen Treffpunkt/Termin mit dem Zwang, statt ihn sich vom Zwang oder dem Grübelgedanken diktieren zu lassen. Dies klappt bei vielen Betroffenen besser als zunächst angenommen.

> Was soll das bringen? Aufgeschoben ist ja nicht aufgehoben! ... oder doch!?

Die Übung bezweckt zweierlei:
- Sie zeigt, dass die Zwangsgedanken und Grübeleien nicht übermächtig sind, sondern Sie – zu einem gewissen Grad – »Herr im eigenen Haus« bleiben.
- Der Ausweichtermin wird oft vergessen, da die akute Dranghaftigkeit des Zwangsimpulses manchmal situativ gesteigert wird (z. B. durch zu viel Kaffee, Kopfschmerzen oder Stress im Büro). Fallen diese situativen Faktoren später weg, lodern die Impulse entweder nicht auf oder ihnen kann erfolgreich widerstanden werden.

Verschieben Sie den Termin mit dem Zwang – nicht selten wird der Zwang ihn vergessen

Komme später wieder... Versagen Sie dem Zwang für eine bestimmte Zeit Ihre Gefolgschaft

Abbildungsnachweis

Die Rechteinhaber der Abbildungen sind in der Abfolge ihrer Darstellung aufgeführt. Den gesamten Abbildungsnachweis zu diesem Werk finden Sie unter http://extras.springer.com/.

1. buildscharacter: The Thinker by Rodin. http://www.flickr.com/photos/buildscharacter/443708336/. Zugegriffen: 08.10.2015
2. Peter Kaminski: STOP ALL WAY. http://www.flickr.com/photos/peterkaminski/1510724/. Zugegriffen: 08.10.2015
3. Orin Zebest: Needle‹s Little Helper. http://www.flickr.com/photos/orinrobert-john/2912106892/. Zugegriffen: 08.10.2015
4. P∧UL: I'll Be Back. http://www.flickr.com/photos/marxalot/2570335163/. Zugegriffen: 08.10.2015

Weiterführende Literatur

Dar KA, Iqbal N (2015) Worry and rumination in generalized anxiety disorder and obsessive compulsive disorder. J Psychol 149: 866-880

Teismann T, Hanning S, von Brachel R, Willutzki U (2012) Kognitive Verhaltenstherapie depressiven Grübelns. Springer, Heidelberg

Wahl K, Ertle A, Bohne A, Zurowski B, Kordon A (2011) Relations between a ruminative thinking style and obsessive-compulsive symptoms in non-clinical samples. Anxiety Stress Coping 24: 217–225

Yilmaz AE, Gencoz T, Wells A (2015) Unique contributions of metacognition and cognition to depressive symptoms. J Gen Psychol 142: 23–33

Denkverzerrung 12: Ist Zwang eine Hirnstörung – kann man da nichts machen? Zwang und Gehirn

Steffen Moritz, Marit Hauschildt

13.1 Einführung ins Thema – 135

13.1.1 Genetik und Neuropsychologie – 136

13.1.2 Irgendetwas hat jeder! Psychische Erkrankung: weder dramatisieren noch verklären – 138

Abbildungsnachweis – 139

Weiterführende Literatur – 139

13.1 Einführung ins Thema

Es vergeht kaum eine Woche, in der nicht neue Befunde zu Hirnstörungen bei Zwang in Fachzeitschriften veröffentlicht werden. Die ermittelten Zusammenhänge zwischen Gehirn und Zwang entlasten einige Betroffene (»It's not me – it's my OCD«, zu Deutsch etwa: »Das bin nicht ich, sondern mein Zwang«). Wiederum andere resignieren aufgrund dieser Resultate, da der Irrglaube besteht, bei Zwang liege ein irreparabler Defekt vor – wie bei einem kaputten Auto. Diese Annahme beruht auf einer falschen Vorstellung über die Funktionsweise unseres Gehirns, wie im folgenden Abschnitt gezeigt werden soll.

Sind wir traurig oder fröhlich, führt dies automatisch zu Veränderungen der aktuellen Hirndurchblutung. Langzeitliche Einflüsse führen dabei zu stärkeren Veränderungen. So vergrößert das beharrliche Üben eines Instruments jene Hirnareale, die für die entsprechende Feinmotorik zuständig sind. Regelmäßiger Drogenkonsum führt zu Stoffwechselveränderungen im Gehirn. Oft sind solche Prozesse veränder- und umkehrbar. Das Gehirn verzeiht recht viel… und vergisst auch eine Menge – einerseits **leider** (bezogen z. B. auf Schulwissen und Fertigkeiten), andererseits **zum Glück** (auch schlimme Erfahrungen verblassen oft mit der Zeit).

Das Gehirn ist das Protokoll seiner Benutzung

Die Hirnveränderungen, die bei Zwang gefunden wurden, sind eher geringfügig und sprechen nicht eindeutig für unumkehrbare Defekte. Einige Forscher finden auch gar keine Unterschiede zu Nichtbetroffenen. Auch wissen wir derzeit noch nicht genau, ob die beobachteten Veränderungen durch die Symptomatik hervorgerufen wurden (also Folge und nicht Ursache sind) oder schon vorher bestanden!

Aber selbst wenn Veränderungen vor Ausbruch der Erkrankung bestanden: Anders als bei einem Computer, bei dem die Software die Hardware kaum zu beeinflussen vermag, verändert unser Denken das Gehirn. Das ist vielfach demonstriert worden. In einer Untersuchung der Arbeitsgruppe um Lewis Baxter in Los Angeles konnte bereits vor mehr als 25 Jahren gezeigt werden, dass eine Psychotherapie bei Zwang zu ähnlichen Veränderungen im Gehirn führt wie die Einnahme von Medikamenten!

Denken verändert das Gehirn

Auch nach der Lektüre dieses Buchs ist Ihr Gehirn nicht mehr exakt so, wie es vorher war.

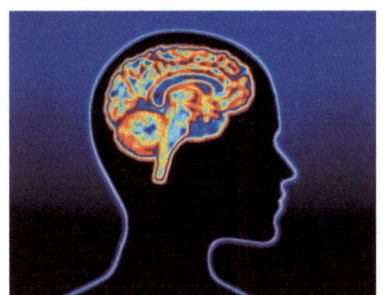

Das Gehirn bei der Arbeit…

13.1.1 Genetik und Neuropsychologie

Unser Erbgut spielt eine unbestrittene Rolle bei der Entwicklung und Ausgestaltung unserer körperlichen und psychischen Konstitution. Gene steuern z. B., ob wir blonde oder schwarze Haare haben, eher groß oder klein gewachsen sind… Während die Gene diese Eigenschaften ganz allein bestimmen, sind die Dinge bei der Ausformung unseres Charakters und der Psyche ungleich komplizierter. Das Erbgut hat zwar einen Einfluss auf unsere Persönlichkeit, besiegelt damit aber kein Schicksal, sondern bahnt allenfalls Möglichkeiten, die über vielfältige äußere Einflüsse, Erfahrungen und Weichenstellungen im Leben in die eine oder andere Richtung gewendet werden oder stumm bleiben. Auch bei psychischen Störungen, denen ein hoher genetischer Einfluss nachgesagt wird wie z. B. Schizophrenie liegt der vererbte Anteil nicht höher als 50 %.

Ob und wie sich einzelne Gene ausdrücken, hängt von vielen verschiedenen Faktoren ab. Anders als bei bestimmten körperlichen Erkrankungen gibt es keine psychische Störung, die allein genetisch vorherbestimmt ist

Ein Modell der menschlichen DNA, welche unsere Erbinformation speichert

Umstritten ist derzeit noch, ob Menschen mit Zwängen neben den in diesem Buch behandelten kognitiven Verzerrungen auch sogenannte neuropsychologische Beeinträchtigungen aufweisen. Hierunter werden Probleme der höheren geistigen Funktionen verstanden wie Aufmerksamkeitsdefizite und Vergesslichkeit. Neuropsychologische Funktionen misst man über kognitive Tests. Hier müssen z. B. Figuren kopiert und aus dem Gedächtnis nachgezeichnet werden. Später wird dann ausgewertet, wie viel Prozent der Figur korrekt reproduziert

Kognitive Tests dienen der Erfassung neuropsychologischer Funktionen

Zur Messung nichtsprachlicher Gedächtnisleistungen müssen geometrische Figuren wie die gezeigte zunächst kopiert und später aus dem Gedächtnis reproduziert werden

wurden. Bei anderen Aufgaben muss man in kurzer Zeit möglichst viele Buchstaben durchstreichen oder die Logik von Zahlenfolgen herausfinden. Die Resultate werden dann zu der Durchschnittsleistung meist Hunderter anderer Personen der gleichen Altersstufe in Beziehung gesetzt.

Die Expertenmeinung zum Vorliegen neuropsychologischer Störungen bei Zwang ist geteilt. Während unsere Arbeitsgruppe in vielen Studien keinen Nachweis erbringen konnte, dass Menschen mit Zwang in Leistungstests schlechter abschneiden als Nichtbetroffene, wissen wir in dieser Frage nicht alle Wissenschaftler hinter uns. Aber: Studien, die Beeinträchtigungen bei Betroffenen nachweisen konnten, haben nicht immer sauber getrennt, inwieweit die Zwangssymptome oder aber begleitende Störungen eine Rolle spielten. Beispielsweise haben wir und andere Wissenschaftler mehrfach zeigen können, dass es depressive Symptome sind, die zu zeitweisen neuropsychologischen Testauffälligkeiten führen. In einigen Studien waren die Vergleichsgruppen außerdem nicht fair gewählt. Betroffene wurden mit jüngeren (hoch leistungsfähigen) Studenten verglichen. Ermittelte Unterschiede gehen hier weniger auf die psychische Erkrankung zurück, sondern darauf, dass die Kontrollgruppen »super-normal« waren. Auch Perfektionismus (▶ Denkverzerrung 9), Kontrollzwänge, erhöhte Selbstaufmerksamkeit, Bewertungsängste, paralleles Grübeln und Kontaminationsängste während der Bearbeitung der Testaufgaben können zu sekundären Problemen geführt haben (z. B. verlangen viele Aufgaben die Bearbeitung am Computer – eine viel genutzte Tastatur berühren zu müssen, beunruhigt viele Menschen mit Waschzwängen oder lenkt sie ab, was zu Leistungsminderungen führt).

Die Tests betrachten isoliert eine bestimmte Funktion, andere Einflüsse bleiben jedoch unbeachtet

Außerdem lassen sich Gruppenunterschiede nicht auf den Einzelfall verallgemeinern! Auch dort, wo Gruppenunterschiede zwischen gesunden Personen und Menschen mit Zwängen nachgewiesen wurden, heißt das auf keinen Fall, dass jeder von Zwang Betroffene den gesunden Versuchspersonen unterlegen war, sondern nur eine Subgruppe. Je mehr Studienteilnehmer berücksichtigt werden, desto kleiner können die Unterschiede sein, um die Signifikanz eines Befundes zu sichern (d. h. die statistische Bedeutsamkeit, welche aber keineswegs identisch ist mit der realen Bedeutsamkeit). Auch Kollegen, die annehmen, dass Menschen mit Zwängen gewisse neuropsychologische Auffälligkeiten zeigen, werden uns zustimmen, dass es sich allenfalls um kleinere Abweichungen handelt.

Viele Studien entstehen im Labor, um kontrollierte Bedingungen zu schaffen. Damit repräsentieren sie aber immer nur einen Ausschnitt der Realität

13.1.2 Irgendetwas hat jeder! Psychische Erkrankung: weder dramatisieren noch verklären

Laut neuer Studien leiden ca. 20 % der Bevölkerung wenigstens einmal im Leben an einer Depression oder einer sogenannten bipolaren Störung (Wechsel zwischen depressiven und manischen Phasen). Angststörungen, vor allem soziale Ängste wie öffentliches Sprechen, kommen noch häufiger vor: Diese betreffen fast jede dritte Person. Der Anteil von Personen mit einer Substanzmittelabhängigkeit (z. B. durch Alkohol oder Beruhigungsmittel) wird auf 15 % geschätzt, 1 % der Bevölkerung leidet an einer Schizophrenie, bis zu 3 %, wie bereits ausgeführt, haben eine Zwangsstörung. Diese Liste ließe sich noch fortsetzen. Psychische Störungen betreffen somit viel mehr Personen, als uns etwa das Familienfernsehprogramm weismacht.

Psychische Störungen werden in unserer Gesellschaft nach wie vor stigmatisiert, obwohl mittlerweile wissenschaftlich gesichert ist, dass viele Menschen mindestens einmal in ihrem Leben unter einer psychischen Störung leiden

Unsere Gesellschaft geht nicht offen mit der Tatsache um, dass mindestens 50 % aller Menschen wenigstens einmal im Laufe ihres Lebens psychische Probleme haben. Während die meisten Menschen irgendwann der Behandlung durch einen Internisten, Kardiologen oder anderen Spezialisten bedürfen und auch kein Problem damit hätten, dies auf Nachfrage zuzugeben, sieht dies bei psychischen Erkrankungen meist anders aus. Der Behandlungsbedarf ist mindestens ebenso hoch. Dennoch bleiben viele Störungen jahrelang unerkannt, da die Betroffenen sich schämen, psychologische oder psychiatrische Hilfe aufzusuchen.

Dies mag damit zusammenhängen, dass in unserer Gesellschaft psychische Krankheiten häufig durch abwertende Begriffe wie »verrückt«, »nicht alle Tassen im Schrank« etikettiert oder Betroffene sogar in die Nähe von Straftätern gerückt werden. So ruft der Neubau eines internistischen Ärztezentrums bei Anwohnern tendenziell weniger Unbehagen hervor als die Gründung einer gemeindenahen psychiatrischen Ambulanz.

Eine Verklärung psychischer Erkrankungen ist nicht angebracht, da auch sie einer erfolgreichen Behandlung entgegensteht

Aber auch die Gegentendenz lässt sich gelegentlich finden. So werden Menschen mit psychischen Erkrankungen manchmal als verkannte Genies, Vordenker und Rebellen verklärt, derer sich die Gesellschaft über die Psychiatrien zu entledigen versucht. Auch dies ist übertrieben, wenngleich es Zusammenhänge zwischen psychischen Problemen und Kreativität gibt. Studien an Kulturschaffenden und Schriftstellern zeigen, dass einige kreative Menschen in der Tat eine Neigung zu Drogen- oder Alkoholmissbrauch haben und häufig eine sogenannte zyklothyme Persönlichkeitsstruktur aufweisen (d. h., ein Temperament besitzen, welches von »himmelhochjauchzend bis zu Tode betrübt« schwankt). Schriftsteller wie Charles Dickens oder der Maler Edvard Munch seien hier exemplarisch erwähnt. Auch heißt es von einigen Künstlern mit psychischen Störungen, dass sie eine Behandlung ablehnten, weil sie befürchteten, hierdurch ihre Kreativität einzubüßen.

Ob es uns gefällt oder nicht: Jeder Mensch trägt eine gewisse Veranlagung zu einer Störung oder Krankheit in sich, die unter bestimmten akuten Einflüssen (z. B. Arbeitsplatzverlust, Scheidung) zum Ausbruch kommen **kann**, ebenso wie jeder Mensch ein gewisses Risiko z. B. für Diabetes, Herzerkrankungen oder Gewichtsprobleme in sich trägt.

Eine Zusammenfassung dieser Informationen finden Sie im ▶ Arbeitsblatt 20 (Infoblatt).

Abbildungsnachweis

Die Rechteinhaber der Abbildungen sind in der Abfolge ihrer Darstellung aufgeführt. Den gesamten Abbildungsnachweis zu diesem Werk finden Sie unter http://extras.springer.com/.

1. Grafik: Pasieka, Photo- und Presseagentur GmbH Focus
2. net_efekt: DNA Molecule display, Oxford University. http://www.flickr.com/photos/wheatfields/2073336603/. Zugegriffen: 08.10.2015
3. Grafik der Arbeitsgruppe der Autoren Jelinek u. Moritz, Picture Word Memory Test

Weiterführende Literatur

Jacobi F, Höfler M, Strehle J, Mack S, Gerschler A, Scholl L, Busch MA et al. (2014) Psychische Störungen in der Allgemeinbevölkerung. Studie zur Gesundheit Erwachsener in Deutschland und ihr Zusatzmodul psychische Gesundheit (DEGS1-MH). Nervenarzt 85: 77–87

Moritz S, Hottenrott B, Jelinek L, Brooks AM, Scheurich A (2012) Effects of obsessive-compulsive symptoms on neuropsychological test performance: complicating an already complicated story. Clinical Neuropsychologist 26: 31-44

Moritz S, Kloss M, von Eckstaedt FV, Jelinek L (2009) Comparable performance of patients with obsessive-compulsive disorder (OCD) and healthy controls for verbal and nonverbal memory accuracy and confidence: time to forget the forgetfulness hypothesis of OCD? Psychiatry Res 166: 247–253

Schwartz JM, Stoessel PW, Baxter LR, Martin KM, Phelps ME (1996) Systematic changes in cerebral glucose metabolic rate after successful behavior modification treatment of obsessive-compulsive disorder. Arch Gen Psychiatry 53: 109–113

Denkverzerrung 13: Ich kann und bin nichts? Selbstzweifel und Depression

Steffen Moritz, Marit Hauschildt

14.1 Einführung ins Thema – 143

14.2 Übungen – 145
14.2.1 Übung 1: Übertriebene Verallgemeinerungen reduzieren – 145
14.2.2 Übung 2: Vergegenwärtigen von Stärken – 147
14.2.3 Übung 3: Sensorisches Zirkeltraining – 148
14.2.4 Übung 4: Umgang mit Lob und Kritik – 150
14.2.5 Übung 5: Den Augenblick festhalten – 150
14.2.6 Übung 6: Dankbar sein – 151
14.2.7 Übung 7: Das Sein bestimmt das Bewusstsein – 152
14.2.8 Weitere Übungen zur Steigerung der Stimmung und des Selbstwertgefühls – 153

Abbildungsnachweis – 154

Weiterführende Literatur – 154

14.1 Einführung ins Thema

Symptome wie Traurigkeit, Niedergeschlagenheit, Antriebsschwäche und mangelndes Selbstwertgefühl kommen auch bei den meisten gesunden Personen von Zeit zu Zeit vor, z. B. infolge von akuten Problemen oder Krisen. Bei einer klinischen Depression bestehen diese Symptome jedoch über einen längeren Zeitraum hinweg (mindestens 2 Wochen) und reduzieren die Lebensqualität und Arbeitsfähigkeit nachhaltig.

Bei Menschen mit Zwängen entstehen Depressionen häufig als Folge der vielfältigen Probleme, die mit der Zwangsstörung einhergehen wie soziale Isolation und Rückzug. Typische Denkmuster und -verzerrungen tragen zur Aufrechterhaltung der depressiven Verstimmung bei.

Die Tab. 14.1 fasst die Ergebnisse einer eigenen Befragung an 123 Betroffenen mit Zwang zusammen. Die hohen Zustimmungsraten (Angaben in %) zeigen, dass viele der Betroffenen an depressiven Symptomen leiden.

> Viele Menschen mit Zwängen leiden unter einem geringen Selbstwertgefühl. Rund 50 % der Betroffenen weisen sogar eine behandlungsbedürftige Depression auf

Tab. 14.1

	Ja (%)
Ich fühle mich müde und erschöpft.	87,0
Es ist mir nicht möglich, mich unbeschwert zu fühlen.	83,7
Ich kann mich nicht entspannen.	77,2
Ich habe Angst, »verrückt« zu werden.	65,0
Ich fühle mich antriebslos.	65,0
Ich fühle mich hoffnungslos.	65,0
Ich schäme mich für meine psychische Erkrankung.	65,0
Ich fühle mich als Belastung für andere.	59,3
Ich fühle mich sozial ausgeschlossen.	56,1
Ich habe vergessen, was Freude ist.	47,2

Verzerrungen, Scheinlogik und unangemessene Verallgemeinerungen bestimmen depressives Denken

Depressives Denken ist gekennzeichnet durch Verzerrungen, Scheinlogik und übertriebene Verallgemeinerungen. Wie bei einem kleinen Tropfen Tinte, der in ein Wasserglas fällt, wird der Blick auf sich selbst, andere Menschen und die Zukunft bereits durch eine einzelne Sorge komplett getrübt.

Menschen mit Depression versuchen häufig, ihre negativen Gedanken zu unterdrücken, was – wie wir gesehen haben – nicht zu einer Abnahme, sondern im Gegenteil sogar zu einer Zunahme der quälenden Gedankeninhalte führt. Rufen Sie sich nach diesem Abschnitt erneut ▶ Denkverzerrung 5 in Erinnerung. Auch Grübeln, welches in ▶ Denkverzerrung 11 besprochen wurde, verfestigt depressive Denkmuster.

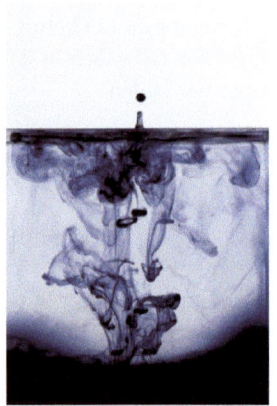

14.2 Übungen

14.2.1 Übung 1: Übertriebene Verallgemeinerungen reduzieren

Eine typische Denkverzerrung bei Menschen mit Depression ist die übertriebene Verallgemeinerung (z. B. einmal Pech = immer Pech). Versuchen Sie anstelle von »Schwarz-Weiß-Malerei«, hilfreichere und ausgewogenere Erklärungen für Missgeschicke oder andere negative Begebenheiten zu finden. Dabei sollten Sie möglichst konkret sein: Vermeiden Sie Pauschalisierungen wie »immer« oder »nie« ebenso wie ungenaue und kränkende Bezeichnungen für sich selbst oder andere, z. B. »doof« oder »Trottel«. Tragen Sie eigene Vorkommnisse in das ▶ Arbeitsblatt 21 ein und gehen Sie wie in den hier genannten drei Beispielen vor (◘ Tab. 14.2).

»Einmal ist kein Mal« – Verallgemeinerungen anders betrachten

◘ Tab. 14.2

Ereignis	Übertriebene Verallgemeinerung	Angemessenere Bewertung
Sie kriegen den Knopf einer Hose nicht mehr zu.	»Ich bin dick und hässlich.«	»Entweder ich habe zugenommen, oder die Hose ist in der Wäsche eingelaufen. Selbst wenn ich zugenommen haben sollte, bin ich aber noch lange nicht hässlich.«
Sie haben eine Prüfung nicht bestanden.	»Nie gelingt mir etwas, ich bin ein Versager!«	»Ja, ich habe **diese** Prüfung nicht geschafft. Jammern bringt aber nichts, lieber nach vorne blicken… Ich kann die Prüfung glücklicherweise wiederholen.«
Sie werden von einem Freund versetzt.	»Mich findet niemand wichtig. Mit mir kann man's ja machen.«	»Schade, dass das Treffen ausgefallen ist – es hätte mich echt gefreut. Die Absage hat aber wohl nichts mit mir zu tun, schließlich war es letztens sehr nett. Ich habe auch schon mal ein Treffen vergessen.«

Nicht gleich von sich auf andere schließen!

Die Abwertung der eigenen Person erfolgt nicht so sehr durch andere, sondern vor allem durch Sie selbst

Viele Menschen mit geringem Selbstwertgefühl schließen ungerechtfertigterweise direkt von sich auf andere: »Wenn ich mich schon nicht mag, wieso sollten es andere tun?«

Aber: Wenn Sie sich selbst für wertlos, hässlich oder untalentiert halten, müssen andere das noch lange nicht so sehen. Es existieren ganz unterschiedliche Betrachtungsweisen und Maßstäbe. Außerdem sind menschliche Eigenschaften äußerst komplex – wie ein Mosaik. Wir haben alle unsere helleren und dunkleren Flecken. Das ist auch gut so, denn ansonsten wäre die Welt eintönig!

Menschliche Eigenschaften: komplex wie ein Mosaik

Fest definiert oder Ansichtssache?

Schönheit liegt immer im Auge des Betrachters

Wie definiert man Attraktivität? Innere oder äußere Schönheit, »das gewisse Etwas«?

Wie definiert man Erfolg? Der eine mag darunter seine berufliche Karriere verstehen. Für andere sind es viele Freunde, Zufriedenheit mit sich selbst… Auch hier gibt es keine einzig richtige Antwort. Für den amerikanischen Folksänger Bob Dylan ist ein Mensch übrigens dann erfolgreich, wenn er morgens aufsteht und abends zu Bett geht und in der Zwischenzeit genau das tut, was er tun will.

Was macht Intelligenz aus? Hervorragende Schulleistungen, ein abgeschlossenes Studium, soziales Einfühlungsvermögen?

Versuchen Sie zudem, unrealistische und absolute Forderungen (»ich muss…«) gegen erreichbare und sinnvolle Ziele zu ersetzen. Kehren Sie eventuell zu ▶ Denkverzerrung 9 (»Gut ist nicht gut genug?«) zurück. Hier wurde besprochen, dass perfektionistische Ansprüche in vielen Fällen geradezu eine Anleitung zum Unglücklichsein darstellen.

14.2.2 Übung 2: Vergegenwärtigen von Stärken

> Liebe ist der Entschluss, das Ganze eines Menschen zu bejahen, die Einzelheiten mögen sein, wie sie wollen. (Otto Flake)

Das sollte auch für uns selbst gelten.

Keiner ist vollkommen! Man kann sich die Persönlichkeit wie einen Schrank mit vielen kleinen Schubladen vorstellen. Wir sollten nicht immer nur in die leeren Fächer starren, sondern gelegentlich die vielleicht bereits etwas angestaubten aufziehen, mit denen wir sehr zufrieden sind. Eine häufige depressive Denkfalle besteht darin, dass Stärken als selbstverständlich angesehen werden und nur die Dinge, die uns (vermeintlich) fehlen, als wertvoll und begehrenswert erscheinen. Anstatt sich auf Ihre (angeblichen) Schwächen und Schattenseiten zu konzentrieren, sollten Sie sich lieber auch einmal Ihren Stärken und Schokoladenseiten zuwenden.

Jeder Mensch besitzt Fähigkeiten, die ihn auszeichnen und auf die er stolz sein kann… Das müssen nicht unbedingt besondere Begabungen, Rekorde oder Erfindungen sein!

Für diese Übung steht Ihnen ▶ Arbeitsblatt 22 zur Verfügung.

14.2.2.1 Vorgehen

- **Schritt 1: Machen Sie sich Ihre Stärken bewusst**

Was gelingt mir gut? Für was habe ich schon häufiger Komplimente bekommen? Beispiel: Ich bin handwerklich begabt… Ich bin ein guter Zuhörer… Auf mich ist Verlass…

- **Schritt 2: Konkrete Situationen vorstellen**

Wann und wo kam das vor? Was habe ich da konkret gemacht oder wer hat mir das rückgemeldet? Beispiel: Ich habe letzte Woche einer Freundin beim Streichen der Wohnung geholfen. Ohne mich hätte sie das nicht geschafft… In einem Diskussionsforum im Internet habe ich gestern jemanden trösten können…

- **Schritt 3: Aufschreiben!**

Schreiben Sie auf, wenn etwas gut gelaufen ist oder Sie für etwas ein Kompliment bekommen haben. Lesen Sie die Notizen regelmäßig durch und erweitern Sie sie laufend. Greifen Sie im Notfall darauf zurück (z. B. wenn Sie sich wertlos fühlen). Was wir schwarz auf weiß haben, kommt uns häufig realer vor als unsere Erinnerung, zumal uns selten positive Erlebnisse einfallen, wenn es uns schlecht geht.

14.2.3 Übung 3: Sensorisches Zirkeltraining

Vergegenwärtigen Sie sich schöne Erlebnisse in Form eines Trainings, das all Ihre Sinne anspricht

Deprimiertsein und mangelndes Selbstwertgefühl entstehen, wenn negative Erfahrungen im Bewusstsein überwiegen, durch ständiges Grübeln an Präsenz gewinnen und so schließlich das Grundgefühl bestimmen. Positive Erlebnisse, die jeder Mensch in seinem Leben gemacht hat, egal wie schlimm seine Biografie auch bisher gewesen sein mag, sind dann im Morast der Erinnerungen verbuddelt. Um diese positiven Erinnerungen zu stärken, sollte man versuchen, sich diese möglichst lebendig vorzustellen. Da viele Menschen während einer akuten Depression über ein eingeschränktes plastisches Vorstellungsvermögen verfügen und positive Erlebnisse nicht mit allen Sinnen nacherleben können, bietet sich das folgende »sensorische Zirkeltraining« an.

Als Trainingsstationen stellen Sie sich im Wechsel für möglichst alle der fünf Sinne sowie Herz/Verstand kleine Episoden vor, die Ihnen in der Vergangenheit Freude bereitet haben:

- Spielen Sie sich z. B. vor dem geistigen Auge vor, wie Sie einmal für Ihre Volleyballmannschaft einen Punkt erzielt haben (selbst wenn das Spiel am Ende verloren wurde).
- Hören Sie vor dem geistigen Ohr, wie Ihnen jemand ein Kompliment wegen Ihrer Frisur gemacht hat.
- Erinnern Sie sich, als Sie das letzte Mal beim Parkspaziergang an einer Blume gerochen haben oder auch an einem leckeren Kaffee.
- Stellen Sie sich vor, wie es sich anfühlte, einen Freund kürzlich umarmt zu haben.
- Erinnern Sie sich an den Geschmack eines Kusses oder auch eines leckeren Pfeifentabaks (eines der Laster des Erstautors).
- Bei der Station Herz/Verstand denken Sie nach, welche Erkenntnisse oder Worte Sie in letzter Zeit berührt haben, z. B. das Zitat eines Dichters oder die entwaffnende Bemerkung eines Kindes.

Wenn es Ihnen nicht gelingt, sich das alles plastisch vorzustellen: nicht schlimm! Versuchen Sie trotzdem, viele Stationen des Trainings zu durchlaufen, nach Möglichkeit mehrmals! Wenn Sie dies über mehrere Wochen trainieren, kann es dabei helfen, die innere Tonart von Moll (schwermütig) in Richtung Dur (heiter) zu verändern.

Wiederholungen der Übungen sind wichtig, um einen nachhaltigen Trainingseffekt zu erzielen

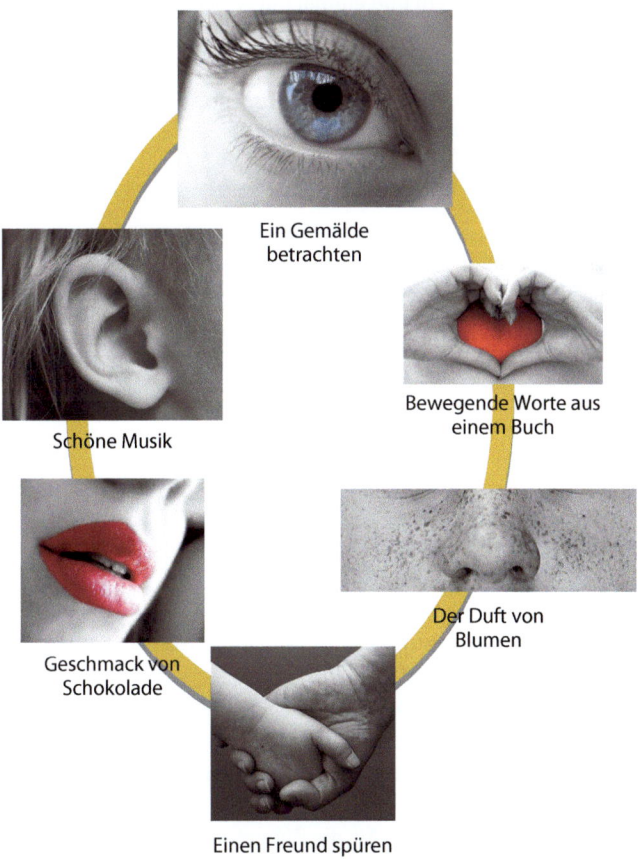

14.2.4 Übung 4: Umgang mit Lob und Kritik

Vielen Menschen ist bereits in der Kindheit eingeimpft worden, Kritik höher zu bewerten als Lob. Auch dies kann zu einer depressiven Denkfalle werden. Finden Sie hilfreichere Bewertungen für negative und positive Vorkommnisse, ähnlich den Beispielen in ◘ Tab. 14.3! Tragen Sie das jeweilige Ereignis am besten paarweise ein, einmal mit gutem und einmal mit schlechtem Verlauf (▶ Arbeitsblatt 23).

Loben Sie sich mehr und räumen Sie Ihrem inneren Kritiker damit weniger Raum ein

◘ **Tab. 14.3**

Ereignis	Depressive Bewertung	Angemessenere Bewertung
Sie bestehen eine Prüfung	»Die Fragen waren auch extrem leicht, wusste doch jeder.«	»Toll. Ich bin echt stolz und mache mir heute mal eine kleine Freude.«
Sie fallen durch eine Prüfung	»Was für eine Blamage. Mann, bin ich doof.«	»Ist schon ärgerlich, aber ich kann wiederholen. Ich frage mal diejenigen, die die Prüfung bereits bestanden haben, und hole mir Tipps zur Vorbereitung.«

14.2.5 Übung 5: Den Augenblick festhalten

Oft huschen die schönen Augenblicke an uns vorüber, ohne dass wir sie wirklich ausgekostet haben. Wir möchten die Zeit anhalten, sind aber innerlich schon wieder beim nächsten Problem.

Schöne Augenblicke im Leben sind kostbar – legen Sie Ihren eigenen Schatz an

Um die schönen Momente bewusster zu erleben und die Zeit zumindest ein wenig zu dehnen, können Sie es sich zur Gewohnheit machen, in der Hosentasche ein paar getrocknete Bohnen oder kleine bunte Steinchen zu tragen und für jedes positive Ereignis einfach einen Stein von der einen in die andere Hosentasche wandern zu lassen. Lassen Sie die Bohnen oder Steinchen nur für die schönen Ereignisse wandern – das können besondere Anlässe sein (z. B. der Anruf eines alten Freundes), aber auch profane Alltagsfreuden (z. B. eine Tasse neuen Kaffees, der Ihnen wirklich gut geschmeckt hat). Am Ende des Tages schauen Sie sich die »Ausbeute« an und lassen die Situationen noch einmal Revue passieren.

14.2.6 Übung 6: Dankbar sein

Für die folgende Übung überlegen Sie bitte, wofür Sie dankbar sind. Auch wenn es Ihnen gerade nicht gut gehen sollte, wird es etwas geben, wofür Sie in Ihrem Leben dankbar sind, was aber überlagert wird durch den ständigen Kampf gegen die Symptome. Dies können Personen sein, z. B. Ihre Oma, die immer für Sie da ist, aber auch Dinge oder vergangene Ereignisse, z. B. eine schöne Wohnung, oder dass Sie sich entschieden haben, eine Lehre in Ihrem Wunschberuf in einer anderen Stadt zu machen.

Versuchen Sie auch, Ihrer Krankheit ein paar andere Seiten abzugewinnen: Sie werden merken, dass einiges, wofür Sie dankbar sind, unmittelbar mit der Krankheit zu tun hat (ohne dass Sie sich bei der Störung selbst bedanken müssten). Haben Sie vielleicht durch die Selbsthilfegruppe Freunde fürs Leben gewonnen oder einen tollen Therapeuten gefunden? Wissen Sie jetzt, dass Sie sich auf bestimmte Freunde voll verlassen können – egal was passiert?

Viele Menschen mit psychischen Störungen möchten zu Recht nicht die Tiefe der Erfahrungen missen, die Ihnen die Auseinandersetzung mit der Erkrankung eröffnet hat

- **Wofür bin ich dankbar?**

Es folgen einige Beispiele:
- Ich bin dankbar dafür, in einem sicheren Land zu leben.
- Seine Eltern und seinen Fußballverein kann man sich nicht aussuchen. Ich bin dankbar, dass mein Verein in der 1. Bundesliga spielt.
- Bei allen Unterschieden weiß ich, was ich an meiner Schwester habe.
- Auch wenn ich auf die Störung gut und gerne verzichtet hätte, hat mich die Therapie als Persönlichkeit weitergebracht. Ich war früher viel oberflächlicher.

Im ▶ Arbeitsblatt 24 können Sie Ihre eigenen Gedanken hierzu notieren.

14.2.7 Übung 7: Das Sein bestimmt das Bewusstsein

Emotionen wie Freude, Trauer und Angst sind innere Reflexionen äußerer Begebenheiten, die ihrerseits wieder nach außen dringen. Einen Menschen mit geringem Selbstwertgefühl wird unbegründete Kritik schwerer treffen als eine Person, die über ein stabiles Selbstwertgefühl verfügt. Dies manifestiert sich oft in einer entsprechenden körperlichen Haltung oder dem Gesichtsausdruck: z. B. Neigung zum Weinen, gebückter Gang, leise monotone Stimme oder Langsamkeit. Das komplexe Wechselspiel von Außenwirkung (Sein) und Gedanken (Bewusstsein) kann zum Teufelskreis werden, wenn sich z. B. Trübsal in hängenden Schultern und Mundwinkeln äußert, die zu mitleidigen Blicken anderer führt, was wiederum das Gefühl beim Betroffenen verstärkt, wirklich bemitleidenswert und wertlos zu sein.

Eine Möglichkeit, diese Prozesse umzukehren, ist es, eine typische körperliche Reaktion auf depressive Gedanken in ihr Gegenteil zu verkehren. Statt die Schultern hängen zu lassen, gehen Sie bewusst gerade und schauen nach oben. Überwinden Sie sich zu einem zumindest leichten Lächeln. Oft hat diese kleine Veränderung eine überraschende Wirkung, indem sich unwillkürlich positive Gedanken und Gefühle in die eingetrübte Stimmung mischen. Positive Körpersignale sind mit entsprechenden (positiven) Gefühlen verkoppelt, die bei ihrem Ausdruck ausgelöst werden. Verstärken Sie diese frische Saat positiver Gefühle, indem Sie die positiven Gedanken ein wenig weiterspinnen. Der von Karl Marx eigentlich politisch gemeinte Titel dieser Übung trägt psychologisch viel Wahres in sich. Man muss kein Marxist sein, um die Übung zumindest auszuprobieren.

Ihre Körpersprache bestimmt zu einem großen Teil die Wirkung auf andere, aber vor allem auf Sie selbst

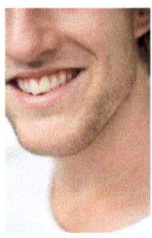

Das Lächeln, das Du aussendest, kehrt zu Dir zurück

14.2.8 Weitere Übungen zur Steigerung der Stimmung und des Selbstwertgefühls

- Schreiben Sie jeden Abend stichwortartig ein paar Dinge auf (bis zu fünf), die gut gelaufen sind. Gehen Sie diese im Geist durch. Viele seriöse wissenschaftliche Studien haben gezeigt, dass Dinge, die wir vor dem Schlafengehen lernen oder über die wir auch nur nachdenken, leichter verinnerlicht werden.
- Sagen Sie sich täglich vor dem Spiegel: »Ich mag mich« oder auch »Ich mag Dich«. Am Anfang kommt man sich eventuell ein bisschen komisch dabei vor – versuchen Sie es trotzdem!
- Nehmen Sie Komplimente an und schreiben Sie diese möglichst auf! Erinnern Sie sich an Situationen, in denen es Ihnen richtig gut ging – möglichst mit allen Sinnen (Sehen, Fühlen, Riechen...). Nehmen Sie z. B. Fotoalben zur Hilfe.
- Machen Sie Dinge, die Ihnen guttun – möglichst gemeinsam mit anderen (z. B. ins Kino oder Café gehen; einen alten Film gemeinsam anschauen). Aktivität verbessert nachweislich die Stimmung.
- Betätigen Sie sich täglich mindestens 20 Minuten körperlich, ohne sich dabei zu quälen. Empfehlenswert ist Ausdauertraining, z. B. stramme Spaziergänge, Joggen oder Fahrradfahren.
- Hören Sie Musik, die Sie in gute Laune versetzt – egal ob das Hardrock, Schlager oder Volksmusik ist.

Eine Zusammenfassung dieser Informationen finden Sie im ▶ Arbeitsblatt 25 (Infoblatt).

Jeder Mensch ist wertvoll!

Abbildungsnachweis

Die Rechteinhaber der Abbildungen sind in der Abfolge ihrer Darstellung aufgeführt. Den gesamten Abbildungsnachweis zu diesem Werk finden Sie unter http://extras.springer.com/.

1. h.koppdelaney: Depression. http://www.flickr.com/photos/h-k-d/2240022294/. Zugegriffen: 08.10.2015
2. go_nils: Inkheart. http://www.flickr.com/photos/agemo/3253450339/. Zugegriffen: 08.10.2015
3. Ed Yourdon: Mosaic benches at Grant's Tomb, Jul 2008 - 38. http://www.flickr.com/photos/yourdon/2693799529/. Zugegriffen: 08.10.2015
4. Philipp Martin: Mauerblume. https://www.flickr.com/photos/philippmartin/15982364711/. Zugegriffen: 08.10.2015
5. Sensorisches Zirkeltraining (im Uhrzeigersinn beginnend von oben):
   – StaR_DusT_: Eye!. http://www.flickr.com/photos/star-dust/709945164/. Zugegriffen: 08.10.2015
   – MetalPhoeniX: Coração. http://www.flickr.com/photos/metalphoenix/4353054/. Zugegriffen: 08.10.2015
   – E. E. Piphanies: Oh brother. http://www.flickr.com/photos/pips/1144994523/. Zugegriffen: 08.10.2015
   – craiglea123: Maria & Lucy's Hands. http://www.flickr.com/photos/craiglea/3412456242/. Zugegriffen: 08.10.2015
   – Christine Roth: Red red Lips. https://www.flickr.com/photos/socialspice/5713714538/. Zugegriffen: 08.10.2015
   – Travis Isaacs: Ear. http://www.flickr.com/photos/tbisaacs/3911558890/. Zugegriffen: 08.10.2015
6. Lily_of_the_Vallley: The Light. http://www.flickr.com/photos/45629771@N06/4322786680/. Zugegriffen: 08.10.2015
7. ^@^ina (Irina Patrascu Gheorghita): Happiness held is the seed; happiness shared is the flower. ~Author Unknown. https://www.flickr.com/photos/angel_ina/4552051664/. Zugegriffen: 08.10.2015
8. Noodle93: Smile. http://www.flickr.com/photos/noodle93/5372211976/. Zugegriffen: 08.10.2015
9. L. Marie: SB 096. http://www.flickr.com/photos/lenore-m/441559849/. Zugegriffen: 08.10.2015

Weiterführende Literatur

Alsleben H (2014) Ein Kurs in Achtsamkeit. MBCT: Der heilsame Weg aus Niedergeschlagenheit und Depression. Arkana, München

Hauschildt M, Jelinek L, Randjbar S, Hottenrott B, Moritz S (2010) Generic and illness-specific quality of life in obsessive compulsive disorder. Behav Cogn Psychother 38: 417–436

Hautziger M (2006) Ratgeber Depression Informationen für Betroffene und Angehörige. Hogrefe, Göttingen

Jelinek L, Hauschildt M, Moritz S (2015) Metakognitives Training bei Depression (D-MKT). 1. Aufl. Beltz, Weinheim

Potreck-Rose F (2014) Von der Freude, den Selbstwert zu stärken. 10. Aufl. Klett-Cotta, Stuttgart

Denkverzerrung 14:
Werde ich nie wieder gesund und am Ende sogar verrückt? Zwang ≠ Psychose

Steffen Moritz, Marit Hauschildt

15.1 Einführung ins Thema – 157

Abbildungsnachweis – 160

Weiterführende Literatur – 160

15.1 Einführung ins Thema

Was verstehen Sie unter »verrückt werden«?

> Stopp! Denken Sie bitte erst über eine Antwort nach, bevor Sie weiterlesen!

»Verrücktsein« ist keine Diagnose oder wissenschaftliche Bezeichnung. In der Psychologie wird der Begriff Realitätsverlust oder Wahn verwendet. Wahn ist eine falsche, unkorrigierbare Überzeugung, z. B. die 100%-ige Gewissheit, dass der Geheimdienst einen verfolgt, oder die Überzeugung, dass Meldungen aus dem Radio oder Fernsehen verschlüsselte, an einen persönlich gerichtete Drohungen enthalten. Stimmenhören und andere Sinnestäuschungen (Halluzinationen) kommen häufig begleitend vor.

Psychische Störungen wie Schizophrenie, Psychose und Wahn lassen sich in der Regel klar von Zwang abgrenzen

■ **Wahnideen sind nicht immer behandlungsbedürftig!**

Wahnhafte Überzeugungen bestehen bei bis zu 15 % der Bevölkerung. Behandlungsbedürftig ist nur ein Drittel dieser Fälle. Wahnsymptome sprechen auf Medikamente, teilweise auch auf Psychotherapie, an. Die Grenze zu extremen religiösen oder politischen Überzeugungen ist fließend. Voll ausgebildete Wahnideen sind ein Leitsymptom einer Psychose bzw. einer paranoid-halluzinatorischen Schizophrenie (beide Begriffe werden von Experten zumeist gleichbedeutend verwendet, obwohl der Begriff Psychose unschärfer ist und auch manisch-depressive Erkrankungen einschließen kann).

- **Zwang ≠ Psychose**

Ist Zwang so etwas wie Psychose? **Nein!**

Die **wichtigsten Unterschiede** zwischen Zwang und Schizophrenie/Psychose/Wahn sind in der ◘ Tab. 15.1 zusammengetragen (▶ Arbeitsblatt 26 – Infoblatt).

◘ Tab. 15.1

Aspekt	Zwang	Schizophrenie/Psychose/Wahn
Überzeugungsgrad	Starker Zweifel; Krankheitseinsicht zumindest teilweise vorhanden	Absolute Gewissheit, die Denken und Handeln antreibt; unzureichende Krankheitseinsicht
Inhalt	Besorgnis bezieht sich meist darauf, anderen oder einem selbst könnte etwas Schlimmes **durch Zufall, Unachtsamkeit oder einen unkontrollierten Impuls** widerfahren (z. B. durch angelassenen Herd einen Wohnungsbrand verursachen); Sorgen drehen sich oft um Tabuthemen wie Schmutz, Sexualität, Aggression.	Überzeugung, einem selbst könnte **durch gezielte Machenschaften anderer Personen** etwas Schlimmes widerfahren; Themen drehen sich oft um Verfolgung und Spionage.
Verlauf	Unbehandelt häufig chronisch	Schubförmig, oft mit zwischenzeitlich symptomfreien Episoden
Ich-Grenzen	Gedanken-Handlungs-Verschmelzung (▶ Denkverzerrung 2): Der Betroffene ist sich **unsicher** und **grübelt**, ob eigene Gedanken bestimmte Handlungen und Ereignisse beeinflussen können (Richtung der befürchteten mentalen Beeinflussung: **von innen nach außen**). Entsprechende Befürchtungen kommen auch bei Menschen ohne psychische Erkrankungen gelegentlich vor (▶ Denkverzerrung 1).	Ich-Störungen: Der Betroffene ist sich **sicher**, dass andere ihm Gedanken oder Handlungen eingeben, um ihm zu schaden (Richtung der befürchteten mentalen Beeinflussung: **von außen nach innen**).
Medikamentöse Behandlung	Vor allem Antidepressiva	Neuroleptika/Antipsychotika

Schizophrenie

Wie gesehen, gibt es also entscheidende Unterschiede zwischen einer Zwangsstörung und einer Psychose/Schizophrenie. Wir möchten aber auch mit einigen Mythen aufräumen, die sich um das Störungsbild Schizophrenie ranken. Obwohl sich der Begriff Schizophrenie aus dem Griechischen für »Seelenspaltung« ableitet, hat Schizophrenie nichts mit gespaltener Persönlichkeit zu tun. Die Betroffenen sind nicht etwa wie »Dr. Jekyll und Mr. Hyde« aus der Geschichte von Robert Louis Stevenson (1850–1894): brave Bürger bei Tag und unberechenbare Monster bei Nacht. Es existieren bei Betroffenen auch nicht mehrere Persönlichkeiten gleichzeitig nebeneinander. Menschen mit Schizophrenie sind im Allgemeinen nicht gefährlich und außerhalb einzelner Krankheitsschübe vielfach unauffällig. Sie sind auch nicht intelligenzgemindert oder geistig zurückgeblieben. Früher ist die Krankheit oft als psychologisch unverstehbar abgestempelt worden und Betroffene wurden teilweise in Verwahranstalten abgeschoben. Die wissenschaftliche Sicht auf die Schizophrenien sowie deren Behandlung hat sich über die letzten Jahre glücklicherweise deutlich gewandelt. Obwohl Medikamente nach wie vor bei der Mehrzahl der Betroffenen als unverzichtbar angesehen werden, finden psychotherapeutische Methoden zunehmend erfolgreiche Anwendung und verbessern nachhaltig die Lebensqualität und den Erkrankungsverlauf. So ist es vielen Betroffenen heutzutage möglich, ein erfülltes und weitgehend beschwerdefreies Leben zu führen.

Schizophrenie ist keine Persönlichkeitsspaltung

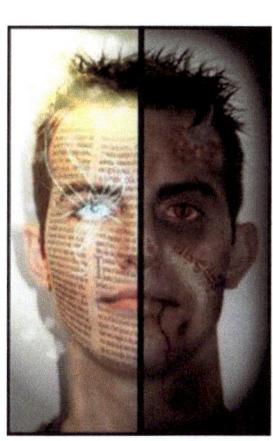

Ein weitverbreitetes Missverständnis: Menschen mit Schizophrenie haben keine multiple oder »gespaltene« Persönlichkeit

Abbildungsnachweis

Die Rechteinhaber der Abbildungen sind in der Abfolge ihrer Darstellung aufgeführt. Den gesamten Abbildungsnachweis zu diesem Werk finden Sie unter http://extras.springer.com/.

1. Austen Squarepants. https://www.flickr.com/photos/swruler/211304213/. Zugegriffen: 08.10.2015
2. g_y_photo: Good vs. Evil. http://www.flickr.com/photos/griffinyphotography/3864959061/. Zugegriffen: 08.10.2015

Weiterführende Literatur

Kozak MJ, Foa EB (1994) Obsessions, overvalued ideas, and delusions in obsessive-compulsive disorder. Behav Res Ther 32: 343–353

Moritz S, Larøi F (2008) Differences and similarities in the sensory and cognitive signatures of voice-hearing, intrusions and thoughts. Schizophr Res 102: 96–107

Zu guter Letzt

16.1 Sie sind mehr als Ihre Zwangsstörung und Sie haben mehr drauf, als nur Ihre Probleme zu bekämpfen – 163

16.1.1 Übung: Vorstellungsübung – 164

16.2 Übung macht den Meister! – 165

16.3 Rückmeldung – 166

Abbildungsnachweis – 167

Weiterführende Literatur – 167

16.1 Sie sind mehr als Ihre Zwangsstörung und Sie haben mehr drauf, als nur Ihre Probleme zu bekämpfen

Noch vor 10–20 Jahren war es im Klinikalltag einer Psychiatrie, aber auch in psychologisch-psychiatrischen Fachbeiträgen üblich, Patienten mit ihrer psychischen Störung mehr oder weniger gleichzusetzen. Es wurde von »Depressiven«, »Zwangskranken«, »Schizophrenen« usw. geredet. Mittlerweile hat sich das in den meisten Einrichtungen geändert, und Autoren von Fachartikeln sind z. B. angehalten, von »Menschen mit einer psychischen Störung« zu sprechen. Das mag auf den ersten Blick politisch überkorrekt und auch ein wenig spitzfindig anmuten. Der Sinn ist jedoch ein tieferer, da auf diese Weise dem impliziten Verständnis vorgebeugt wird, ein Individuum mit einer komplexen Biografie, Stärken, Schwächen und Eigenheiten ausschließlich als krank oder unvollkommen zu betrachten.

Viele Betroffene haften dieser veralteten Sichtweise selbst an und definieren sich vor allem über ihre Störung (z. B. Zwang, Depression) oder ihre Probleme (Arbeitslosigkeit, ohne Partner). Wie soll es denn anders sein, mögen Sie vielleicht denken, wenn man 8–10 Stunden wäscht, kontrolliert oder ständig grübelt und kaum noch ein selbstbestimmtes Leben führt? Der alltägliche Kampf gegen den Zwang mit Krankenhausaufenthalten, Schereien mit der Krankenkasse und vielleicht auch dem Sozialamt verdeckt den inneren Kompass.

> Sie sind ein Mensch, kein Krankheitsbild!

Die sogenannte Akzeptanz- und Commitment-Therapie (ACT) widmet diesem Thema viel Aufmerksamkeit. Ein wenig makaber anmutend soll der Betroffene sich z. B. vorstellen, was auf seinem Grabstein stehen soll. Kaum jemand hätte gerne als einzige Inschrift, dass er unter einem Zwang litt oder den Kampf gegen die Störung zum Lebensinhalt gemacht hatte. Die meisten Menschen – ob gesund oder nicht – wollen lieber als gute Freunde, verlässliche/r Bruder/Schwester, hilfsbereiter Nachbar, Naturschützer, überzeugter Sozialdemokrat etc. in Erinnerung bleiben.

Trotz aller Mühsal ist es wichtig, Lebensziele zu verfolgen und Werten treu zu bleiben – so gut es eben geht. Setzen Sie die Messlatte nicht zu hoch (z. B. Staatsoberhaupt werden… andererseits galten Lincoln und Churchill als hervorragende Staatsmänner trotz bekannter psychischer Störungen), aber auch nicht zu niedrig an. Seien Sie konkret! Überlegen Sie, wofür Sie als Person stehen oder stehen möchten, z. B. als guter Zuhörer; als jemand, der politisch interessiert ist oder sich einmischt und seine Meinung sagt; als überzeugter Christ, Moslem oder auch Atheist; jemand, der mit der Natur besonders verbunden ist; jemand, der hilfsbereit ist… An welchen Werten möchten Sie Ihr Handeln ausrichten? Dazu zählt natürlich nicht nur, was man für andere, sondern auch für sich selbst tut. Zum Beispiel könnten Sie versuchen, sportlich fit zu bleiben oder selbst die Initiative zu ergreifen, was das eigene Wohlbefinden angeht, z. B. sich selbst einen Therapeuten suchen, ein Selbsthilfebuch durcharbeiten, Informationsseiten im Internet lesen…

> Definieren Sie sich statt über die Erkrankung über Ihr Sein und Ihre Persönlichkeit – mit Ihren ganz eigenen Stärken und Schwächen!

Sehen Sie dieses Streben als einen Prozess an, bei dem es viel mehr um den Weg (Ihr Leben) selbst geht als darum, ein bestimmtes Ziel zu erreichen. Ähnlich wie der Horizont oder Sterne am Himmel geben Werte Orientierung und leuchten den Weg, ohne dass wir jemals sprichwörtlich bei ihnen ankommen.

Wie möchte ich leben?

Jeder Mensch hat viele Facetten

Was macht Ihr Leben lebenswert?

16.1.1 Übung: Vorstellungsübung

Um sich bewusster zu werden, welche Werte Ihnen für Ihr Leben wichtig sind, nehmen Sie sich bitte etwas Zeit für die beiden folgenden Vorstellungsübungen.

Schließen Sie dafür, wenn möglich, einen Moment die Augen und stellen Sie sich als erstes vor, Sie schauen am Ende Ihres Lebens auf das gelebte Leben zurück. Formulieren Sie in Ihren Gedanken Gründe, die Ihr Leben lebenswert gemacht haben:

- Dieses Leben war ein gutes Leben, weil Sie Ihr Leben vielleicht mit bestimmten Menschen verbracht haben, die Ihnen wichtig sind. Welche Menschen sind das?
- Vielleicht auch, weil Sie in Ihrem Leben bestimmte Dinge getan haben, die Ihnen etwas bedeuten. Welche sind das?
- Oder weil Sie ganz bestimmte Dinge gelernt oder Erfahrungen gemacht haben, die Sie nicht missen möchten. Was gehört dazu?
- Vielleicht auch, weil Sie bestimmte Orte gesehen haben, die Sie beeindruckt haben. Welche sind das?
- Vielleicht, weil Sie bestimmte Momente genossen haben oder Spaß hatten. Was für Momente?

Stellen Sie sich nun als nächstes vor, wie Sie, wieder mitten in Ihrem Leben, morgen früh aufwachen und Sie feststellen: Der Zwang ist weg, komplett verschwunden.

- Was würden Sie tun?
- Womit oder mit wem würden Sie Ihre Zeit verbringen? Wo?
- Wie würden Sie Ihren Alltag gestalten?
- Wie würde es sich in Ihrem täglichen Leben zeigen, dass Sie nach Ihren ganz persönlichen Werten leben?

»Kein Leben verläuft eingleisig …«

16.2 Übung macht den Meister!

Es ist so wahr, wie es abgedroschen klingt: Übung macht den Meister!

Nehmen Sie sich ausreichend Zeit, das Gelesene zu verstehen und zu verinnerlichen. Probieren Sie dann die vorgestellten Übungen aus und vor allem wiederholen Sie die Übungen in regelmäßigen Abständen bzw. trainieren Sie die neuen Denk- und Verhaltensweisen. Dies ist notwendig, um sie auch dauerhaft in den Alltag zu integrieren.

Nicht alle angesprochenen Denkverzerrungen werden Ihnen persönlich relevant erscheinen. Kaum jemand weist alle 14 Denkverzerrungen auf. Andererseits ist es auch schwer, sich selbst bzw. eine eigene Denkverzerrung zu erkennen – wie ein bereits zitiertes Sprichwort sagt: »Das Auge sieht alles außer sich selbst.« Oft fällt uns auch erst rückblickend auf, dass wir in eine Denkfalle getappt sind.

> Im Zweifel fragen Sie Verwandte, gute Freunde oder Ihren Therapeuten, ob diese der Ansicht sind, dass eine bestimmte Denkverzerrung auf Sie zutrifft oder nicht

Auch Rückschläge können sich einstellen. Diese bedeuten nicht, dass Sie gescheitert sind und wieder von vorne anfangen müssen, sondern sind auf dem Weg aus der Zwangsstörung heraus ganz normal.

Auch wenn Sie vom metakognitiven Training nicht oder kaum profitiert haben sollten, heißt dies nicht, dass Sie ein »hoffnungsloser« Fall sind. Ein Selbsthilfeprogramm kann nur selten eine vollgültige Psychotherapie ersetzen. Bei der Suche nach einem Therapeuten empfehlen wir Ihnen, sich an die Deutsche Gesellschaft Zwangserkrankungen (DGZ) zu wenden (http://www.zwaenge.de). Die DGZ ist ein 1995 gegründeter gemeinnütziger Verein, der sich gleichermaßen als Selbsthilfeorganisation und Fachgesellschaft versteht. Hier engagieren sich Betroffene und Angehörige sowie ärztliche und psychologische Experten gemeinsam gegen den Zwang mit dem Hauptziel, Zwangserkrankte und ihre Angehörigen über Erfolg versprechende Therapien und Möglichkeiten der Selbsthilfe zu informieren. Neben den ausführlichen Informationen auf der Internetseite gibt es eine Telefonberatung. Außerdem berichtet die vierteljährlich erscheinende Mitgliederzeitschrift *Z-aktuell* über aktuelle wissenschaftliche Studien, stellt Fallbeispiele aus der therapeutischen Praxis und Neuerscheinungen der Literatur vor und lässt Betroffene über ihre Erfahrungen in der Therapie oder ihr Leben mit der Zwangsstörung zu Wort kommen.

> Über die Deutsche Gesellschaft Zwangserkrankungen (DGZ) erhalten Sie Informationen zu Therapeuten, Selbsthilfegruppen und Fachgesellschaften

Wir hoffen, dass dieses Buch für Sie hilfreich war und wünschen Ihnen alles Gute!

Übung macht den Meister!

16.3 Rückmeldung

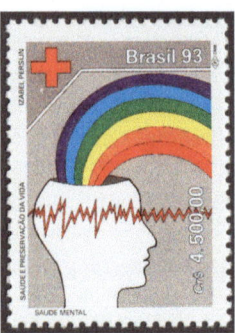

Wir freuen uns über Ihre Rückmeldung!
Kritik und Änderungsvorschläge sind herzlich willkommen, ebenso wie positive Rückmeldungen und Erfahrungsberichte:

Prof. Dr. Steffen Moritz, Dr. Marit Hauschildt
Universitätsklinikum Hamburg-Eppendorf
Klinik für Psychiatrie und Psychotherapie
Martinistraße 52, 20246 Hamburg
Fax: +49-40-7410-57566
E-Mail: moritz@uke.de
http://www.ag-neuropsychologie.de

Abbildungsnachweis

Die Rechteinhaber der Abbildungen sind in der Abfolge ihrer Darstellung aufgeführt. Den gesamten Abbildungsnachweis zu diesem Werk finden Sie unter http://extras.springer.com/.

1. Ley: Woman in the mirror. https://www.flickr.com/photos/13514463@N06/11409024824/. Zugegriffen: 08.10.2015
2. Björn Láczay: Weichen. https://www.flickr.com/photos/dustpuppy/78871005/. Zugegriffen: 08.10.2015
3. gmiphone: Chopi summit 800x600. http://www.flickr.com/photos/gregg_macdonald/. Zugegriffen: 08.10.2015
4. Bernd Kirschner. https://www.flickr.com/photos/40804746@N02/6260363868/. Zugegriffen: 08.10.2015

Weiterführende Literatur

Hayes SC, Luoma JB, Bond FW, Masuda A, Lillis J (2006) Acceptance and commitment therapy: model, processes and outcomes. Behav Res Ther 44: 1–25

Sonntag RF (2009) Engagiertes Handeln lernen: Die Akzeptanz- und Commitment-Therapie. In: Heidenreich T, Michalak J (Hrsg) Achtsamkeit und Akzeptanz in der Psychotherapie, 3. Aufl. dgvt, Tübingen, S 297–355

Wengenroth M (2012) Therapie-Tools. Akzeptanz und Commitmenttherapie (ACT). Beltz, Weinheim

Serviceteil

Anhang – 170

Stichwortverzeichnis – 178

S. Moritz, M. Hauschildt, *Erfolgreich gegen Zwangsstörungen*,
DOI 10.1007/978-3-662-48752-5, © Springer-Verlag Berlin Heidelberg 2016

Anhang

Arbeitsmaterialien

(verkleinerte Darstellung der Arbeitsblätter, die Sie über http://extras.springer.com/ nach Eingabe der ISBN kostenfrei abrufen können)

Arbeitsblatt 1: Theoretischer Hintergrund: Was ist Zwang?

Arbeitsblatt 2: Theoretischer Hintergrund: Was ist Zwang?

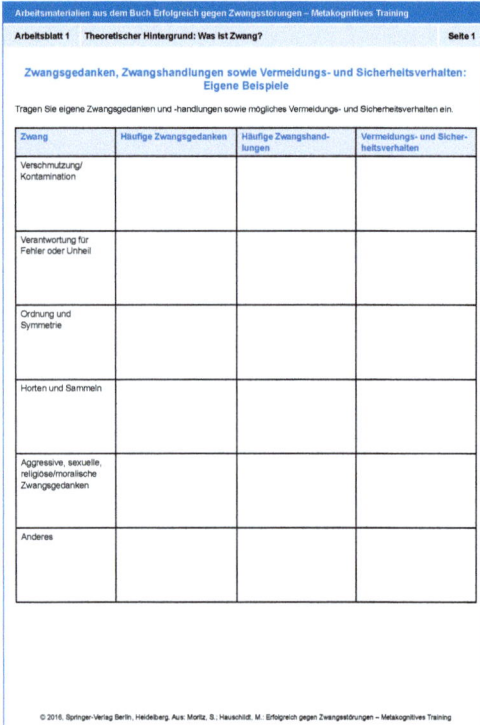

Arbeitsblatt 2 (Fortsetzung)

Arbeitsblatt 3: Denkverzerrung 1: Sind schlechte Gedanken anormal?

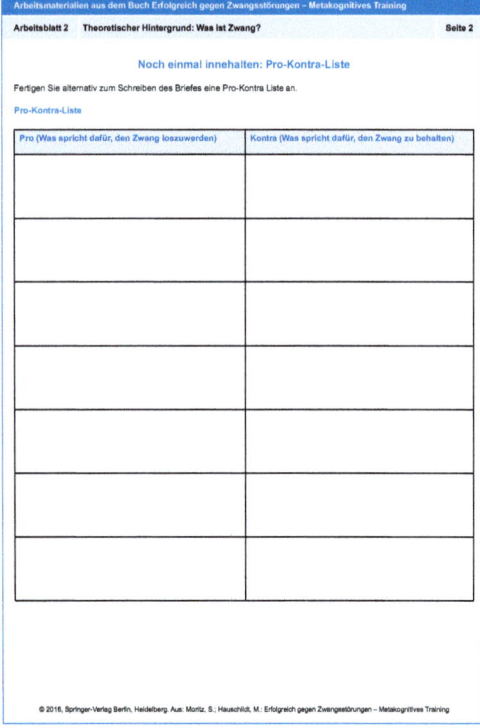

Arbeitsblatt 4: Denkverzerrung 1: Sind schlechte Gedanken anormal?

Arbeitsmaterialien aus dem Buch Erfolgreich gegen Zwangsstörungen – Metakognitives Training

Arbeitsblatt 4 Denkverzerrung 1: Sind schlechte Gedanken anormal? Seite 1

Übung 5: Akzeptanz und Wertschätzung für sich selbst und andere
Sich selbst loben

Ein häufiges Problem bei Menschen mit Zwängen ist der innere Fokus auf Fehler und Unzulänglichkeiten. Wechseln Sie die Blickrichtung: Schreiben Sie eine Zeit lang regelmäßig (z.B. jeden Abend) Anlässe auf, bei denen Sie anderen – aber auch sich selbst – Gutes getan haben.

Datum	Was habe ich mir heute Gutes getan?	Was habe ich anderen heute Gutes getan?
Beispiel:	Mir ein besonders leckeres Frühstück zubereitet; endlich wieder zum Sport gegangen; dem Chef gesagt, dass ich keine Überstunden leisten kann	Eine Freundin getröstet; meine Oma angerufen; meiner Kollegin bei einer Aufgabe geholfen
Mo.		
Di.		
Mi.		
Do.		
Fr.		
Sa.		
So.		

© 2016, Springer-Verlag Berlin, Heidelberg. Aus: Moritz, S.; Hauschildt, M.: Erfolgreich gegen Zwangsstörungen – Metakognitives Training

Arbeitsblatt 5: Denkverzerrung 5: Führen schlimme Gedanken zu schlimmen Taten

Arbeitsmaterialien aus dem Buch Erfolgreich gegen Zwangsstörungen – Metakognitives Training

Arbeitsblatt 5 Denkverzerrung 2: Führen schlimme Gedanken zu schlimmen Taten? Seite 1

Übung 1: Können Gedanken Dinge bewegen?

Bitte nehmen Sie eine Feder oder einen anderen sehr leichten Gegenstand, z. B. ein Blatt Papier, und legen Sie diesen vor sich auf eine Tischplatte.

Versuchen Sie nun, diesen Gegenstand allein mit Ihren Gedanken in eine bestimmte Richtung zu bewegen. Machen Sie die Übung mehrmals und führen Sie eine Strichliste. Tragen Sie ein, wie oft es funktioniert ✓ oder nicht funktioniert ✗ hat.

	✓	✗
Feder/Blatt Papier bewegt		
Eigene Übung:		

© 2016, Springer-Verlag Berlin, Heidelberg. Aus: Moritz, S.; Hauschildt, M.: Erfolgreich gegen Zwangsstörungen – Metakognitives Training

Arbeitsblatt 5 (Fortsetzung)

Arbeitsmaterialien aus dem Buch Erfolgreich gegen Zwangsstörungen – Metakognitives Training

Arbeitsblatt 5 Denkverzerrung 2: Führen schlimme Gedanken zu schlimmen Taten? Seite 2

Übung 2: Magisches Denken

Viele Betroffene wissen eigentlich, dass ihre Gedanken äußere Dinge nicht beeinflussen können. Ein gewisser Zweifel bleibt aber häufig bestehen. Machen Sie die Übung mehrmals und führen Sie eine Strichliste.

Versuchen Sie Folgendes:

	✓	✗
10 Spielkarten in Folge exakt voraussagen		
Zahl zwischen 1 und 100 erraten		
Alle Bundesligaergebnisse eines Spieltags exakt voraussagen		
Fleck mit Gedanken entfernen		
Eigenes Beispiel:		
Eigenes Beispiel:		
Eigenes Beispiel:		

© 2016, Springer-Verlag Berlin, Heidelberg. Aus: Moritz, S.; Hauschildt, M.: Erfolgreich gegen Zwangsstörungen – Metakognitives Training

Arbeitsblatt 6: Denkverzerrung 5: Führen schlimme Gedanken zu schlimmen Taten

Arbeitsmaterialien aus dem Buch Erfolgreich gegen Zwangsstörungen – Metakognitives Training

Arbeitsblatt 6 Denkverzerrung 2: Führen schlimme Gedanken zu schlimmen Taten? Seite 1

Übung 4: Gedanken-Handlungs-Verschmelzung
Können Gedanken Handlungen veranlassen?

Wenn Sie das Gefühl haben, dass Ihre Gedanken imstande sind, Dinge zu verändern, führen Sie die folgenden »leichten« Aufgaben aus (machen Sie die Übungen mehrmals und führen Sie Strichliste):

Versuchen Sie gedanklich zu veranlassen, dass ...	✓	✗
... eine alte Dame spontan ihre Gehhilfe wegwirft.		
... sich ein Mann sein T-Shirt vom Leib reißt.		
... Ihr Gesprächspartner spontan »flussabwärts« sagt.		
... Ihr Gegenüber einen Lachanfall bekommt.		
... die S-Bahn rückwärts anfährt.		
Eigenes Beispiel:		
Eigenes Beispiel:		

Ziel der Übung ist es, einerseits zu zeigen, dass Ihre Gedanken nicht so mächtig sind, wie es Ihnen oft erscheint, und andererseits den Fokus der Sorge zu verlagern, ohne gleichzeitig Zwangsgedanken zu unterdrücken oder die Situation zu vermeiden (beide Strategien verstärken nur das Problem).

Zufallstreffer sind bei einigen Übungen möglich. Führen Sie daher unbedingt eine Strichliste. Falls eine Vorhersage doch einmal eintreffen sollte, schauen Sie nach, wie häufig Sie bei anderen Vorhersagen vorher falsch lagen.

© 2016, Springer-Verlag Berlin, Heidelberg. Aus: Moritz, S.; Hauschildt, M.: Erfolgreich gegen Zwangsstörungen – Metakognitives Training

Arbeitsblatt 6 (Fortsetzung)

Arbeitsmaterialien aus dem Buch Erfolgreich gegen Zwangsstörungen – Metakognitives Training

Arbeitsblatt 6   Denkverzerrung 2: Führen schlimme Gedanken zu schlimmen Taten?   Seite 2

Übung 4: Gedanken-Handlungs-Verschmelzung
Können Gedanken Objekte verändern?

Versuchen Sie wie folgt, Objekte **gedanklich** zu verändern:	✓	✗
Ein Auto umfärben		
Eine Statue einen Arm verlieren lassen		
Aus Wasser Cola machen		
Eine Ampel auf die Farbe blau wechseln lassen		
Einen Hydranten vergrößern		
Aus Scherben wieder eine Flasche zusammensetzen		
Aus einer Pizza einen Hamburger machen		
Einen Fußball auf Tennisballgröße schrumpfen lassen		
Eigenes Beispiel:		
Eigenes Beispiel:		

Ziel der Übung ist es, einerseits zu zeigen, dass Ihre Gedanken nicht so mächtig sind, wie es Ihnen oft erscheint, und andererseits den Fokus der Sorge zu verlagern, ohne gleichzeitig Zwangsgedanken zu unterdrücken oder die Situation zu vermeiden (beide Strategien verstärken nur das Problem).

Zufallstreffer sind bei einigen Übungen möglich. Führen Sie daher unbedingt eine Strichliste. Falls eine Vorhersage doch einmal eintreffen sollte, schauen Sie nach, wie häufig Sie bei anderen Vorhersagen vorher falsch lagen.

Arbeitsblatt 6 (Fortsetzung)

Arbeitsmaterialien aus dem Buch Erfolgreich gegen Zwangsstörungen – Metakognitives Training

Arbeitsblatt 6   Denkverzerrung 2: Führen schlimme Gedanken zu schlimmen Taten?   Seite 3

Übung 4: Gedanken-Handlungs-Verschmelzung
Können Gedanken Ereignisse beeinflussen?

Versuchen Sie wie folgt, Objekte **gedanklich** zu verändern:	✓	✗
Die Alarmhupe eines Autos aktivieren		
Den Sekundenzeiger einer Uhr zum Stehen bringen		
Einen Ventilator in Gang setzen		
Ein Fenster öffnen		
Einen Vogel an einer bestimmten Stelle landen lassen		
Den Stecker eines Bügeleisens aus der Steckdose ziehen		
Einen Wasserhahn aufdrehen		
Eigenes Beispiel:		
Eigenes Beispiel:		

Ziel der Übung ist es, einerseits zu zeigen, dass Ihre Gedanken nicht so mächtig sind, wie es Ihnen oft erscheint, und andererseits den Fokus der Sorge zu verlagern, ohne gleichzeitig Zwangsgedanken zu unterdrücken oder die Situation zu vermeiden (beide Strategien verstärken nur das Problem).

Zufallstreffer sind bei einigen Übungen möglich. Führen Sie daher unbedingt eine Strichliste. Falls eine Vorhersage doch einmal eintreffen sollte, schauen Sie nach, wie häufig Sie bei anderen Vorhersagen vorher falsch lagen.

Arbeitsblatt 7: Denkverzerrung 3: Müssen die Gedanken dem eigenen Willen gehorchen?

Arbeitsmaterialien aus dem Buch Erfolgreich gegen Zwangsstörungen – Metakognitives Training

Arbeitsblatt 7   Denkverzerrung 3: Müssen die Gedanken dem eigenen Willen gehorchen?   Seite 1

Übung 4: Erfreuen Sie sich an Ihrem Denken
Mein wohlwollender Begleiter

Beispiel: Comicfigur, Fantasiegestalt (gute Fee, Schutzengel …), Filmfigur (z. B. Professor Dumbledore aus »Harry Potter«), berühmte Persönlichkeit …

Name des Begleiters:

Aussehen/Stimme:

Eigenschaften:

Imaginärer Spaziergang …

Was hat er/sie gesagt?

Was waren hilfreiche Worte oder Sätze?

Was davon möchte ich mir merken?

Arbeitsblatt 8: Denkverzerrung 4: Ist die Welt gefährlich?

Arbeitsmaterialien aus dem Buch Erfolgreich gegen Zwangsstörungen – Metakognitives Training

Arbeitsblatt 8   Denkverzerrung 4: Ist die Welt gefährlich?   Seite 1

Übung 1: Machen Sie sich schlau!

Welche negativen Ereignisse machen Ihnen starke Angst und welche halten Sie für besonders wahrscheinlich? Informieren Sie sich! Tragen Sie Ihre persönlichen Befürchtungen und Rechercheergebnisse in die Tabelle ein.

Zwangsbefürchtung	Wie hoch schätze ich die Wahrscheinlichkeit für das Eintreten ein?	Welche Wahrscheinlichkeiten ergaben sich durch meine Recherche?	Andere Konsequenzen/beruhigende relevante Fakten als Ergebnis meiner Recherche
Negatives Ereignis:			
Schlimmste Konsequenz:			

Anhang

Arbeitsblatt 9: Denkverzerrung 4: Ist die Welt gefährlich?

Arbeitsmaterialien aus dem Buch Erfolgreich gegen Zwangsstörungen – Metakognitives Training

Arbeitsblatt 9 Denkverzerrung 4: Ist die Welt gefährlich? — Seite 1

Übung 2: Wahrscheinlichkeitsketten berechnen

Identifizieren Sie Faktoren, die für ein befürchtetes Ereignis zusammenkommen **müssen**. Jeder Einflussfaktor hat eine bestimmte Wahrscheinlichkeit von 0,01 (= 1 %) über 0,5 (= 50 %) bis zu 1 (= 100 %) und ist mit den anderen Faktoren zu **multiplizieren**. Jeder weitere Faktor/Bedingung verringert die Eintrittswahrscheinlichkeit beträchtlich (lesen Sie hierzu noch einmal im Buch den ► Abschn. 5.1.1 Gründe für Fehleinschätzungen, »Falsche Wahrscheinlichkeitsberechnung«).

*Beispiel: Wahrscheinlichkeit eines Wohnungseinbruchs wegen nicht abgeschlossener Tür: Bedingung 1: Die Tür ist nicht abgeschlossen. (0,4) × Bedingung 2: Ein Einbrecher befindet sich in meiner Gegend, (0,3) × Bedingung 3: … und zwar genau an dem Tag, an dem ich nicht abgeschlossen habe. (0,5) × Bedingung 4: Der Einbrecher sucht sich von allen Wohnungen genau meine aus. (0,3) × Bedingung 5: Er wird von niemandem gestört und zieht den Einbruch unbemerkt durch. (0,7). Selbst bei jeweils sehr hoch geschätzten Einzelwahrscheinlichkeiten liegt die Wahrscheinlichkeit für das befürchtete Ereignis bei 0,4 × 0,3 × 0,5 × 0,3 × 0,7 = 0,0126, also bei **1,26 %**.*

Befürchtetes Ereignis:	Jeweilige Wahrscheinlichkeit (von 0,01 [= 1 %] bis 1 [= 100 %])
Bedingung 1:	____ % = ____
Bedingung 2:	____ % = ____
Bedingung 3:	____ % = ____
Bedingung 4:	____ % = ____
Bedingung 5:	____ % = ____

Das Produkt ergibt sich aus der Multiplikation (×) der oben stehenden Zahlen:
0,____ × 0,____ × 0,____ × 0,____ × 0,____ = 0,____ (0,5 bedeutet z. B. 50 %)
Das entspricht ____ %.

Arbeitsblatt 10: Denkverzerrung 4: Ist die Welt gefährlich?

Arbeitsmaterialien aus dem Buch Erfolgreich gegen Zwangsstörungen – Metakognitives Training

Arbeitsblatt 10 Denkverzerrung 4: Ist die Welt gefährlich? — Seite 1

Übung 4: Korrigierende Erfahrungen machen – Konfrontation

Erstellen Sie Ihre eigene Angstleiter! Zur Orientierung dienen die Beispiele im Buch (► Abschn. 5.2.4).

Schwierigkeit	Situation/Übung
1 (leicht)	
2	
3	
4	
5	
6	
7	
8	
9	
10 (sehr schwierig)	

Arbeitsblatt 11: Denkverzerrung 5: Müssen schlechte Gedanken unterdrückt werden?

Arbeitsmaterialien aus dem Buch Erfolgreich gegen Zwangsstörungen – Metakognitives Training

Arbeitsblatt 11 Denkverzerrung 5: Müssen schlechte Gedanken unterdrückt werden? — Seite 1

Übung 2: Alternativer Umgang mit negativen Gedanken

Nehmen Sie eine beobachtende und distanzierte Haltung zu Ihren Gedanken ein. Einigen Betroffenen hilft es, wenn sie ihre Zwangsgedanken in einem Bild oder einer Szene festhalten und durch Vorstellungslenkung abschwächen. Stellen Sie sich einige Minuten lang vor …

Beispiel für ein Vorstellungsbild/eine Szene:
Sie beobachten von einem geschützten Ort aus ein heftiges Unwetter. Am Horizont sind bereits erste blaue Bereiche zu erkennen. Heften Sie Ihre Zwangsgedanken an die schwärzeste Stelle der vorbeiziehenden Wolkenfront. Lassen Sie nun das Unwetter toben – vielleicht sehen Sie niederfahrende Blitze, einen Baum spalten, einen Tornado, der einen Schuppen mitreißt.
Lassen Sie das Unwetter langsam abziehen und den Blick auf schöneres Wetter freigeben.

Mein persönliches Vorstellungsbild/meine Szene:
_____
_____
_____
_____
_____
_____
_____
_____
_____
_____
_____
_____
_____
_____

Arbeitsblatt 12: Denkverzerrung 6: Signalisieren Gefühle echte Gefahr?

Arbeitsmaterialien aus dem Buch Erfolgreich gegen Zwangsstörungen – Metakognitives Training

Arbeitsblatt 12 Denkverzerrung 6: Signalisieren Gefühle echte Gefahr? — Seite 1

Übung 2: Einfluss äußerer Faktoren auf Denken und Fühlen

Wie beeinflussen die unten stehenden Faktoren Ihr Wohlbefinden und Ihre Gefühlswelt? Versuchen Sie, den jeweiligen Einfluss möglichst konkret anzugeben.

Faktor	Einfluss? Macht mich das eher aggressiv, ängstlich, fröhlich, traurig, nervös, entspannt…?
Beispiel: Alkohol	»Alkohol lockert in geringen Mengen meine Zunge. Wenn ich aber einen über den Durst getrunken habe, fühle ich mich schnell persönlich angegriffen.«
Stress (z. B. durch Lärm)	
Langeweile	
Bewegungsmangel	
Drogen	
Wetter, Licht	
Medikation	
Schlafmangel	
Anderes:	

Arbeitsblatt 13: Denkverzerrung 6: Signalisieren Gefühle echte Gefahr?

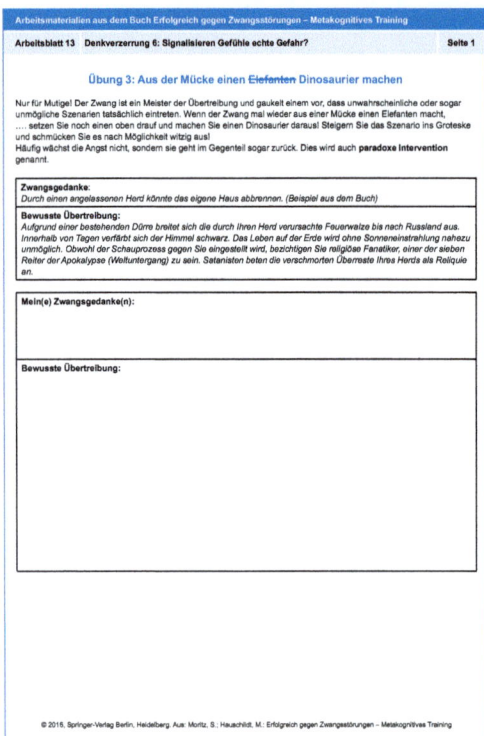

Arbeitsblatt 14: Denkverzerrung 7: Bin ich für alles und jeden verantwortlich?

Arbeitsblatt 14 Denkverzerrung 8: Bin ich für alles und jeden verantwortlich? Seite 1

Übung 1: Nicht mit zweierlei Maß messen

Menschen mit Zwängen haben – oft ohne es zu wissen – »doppelte Standards«: Es wird häufig aufgrund entsprechender Erziehung eine höhere moralische Messlatte an sich selbst als an andere gelegt. Finden Sie heraus, ob das bei Ihnen auch so ist. Stellen Sie sich das folgende Missgeschick vor, beantworten Sie dann die Fragen und tragen Ihre Antworten in die Tabelle ein.

Beispiel:

»Missgeschick«:	Taschendiebe haben mir mein Portemonnaie gestohlen
Was ich mir selbst sage/über mich denke:	»Furchtbar. Ich Trottel, das ist wieder typisch.«
Was ich einem guten Freund/einer guten Freundin sagen würde:	»Ist doch nicht so schlimm, das kann jedem mal passieren.«

Eigenes Beispiel:

»Missgeschick«:	
Was ich mir selbst sage/über mich denke:	
Was ich einem guten Freund/einer guten Freundin sagen würde:	

Möglicherweise gehen Sie mit sich selbst hart und mitleidslos ins Gericht; Ihrem Freund spenden Sie dagegen Trost und nennen gute Gründe, weshalb das Missgeschick verzeihlich ist.

Bei zukünftigem tatsächlichem oder angeblichem Fehlverhalten, versuchen Sie sich selbst das zu sagen, was Sie in einer vergleichbaren Situation einem guten Freund sagen würden.

Arbeitsblatt 15: Denkverzerrung 7: Bin ich für alles und jeden verantwortlich?

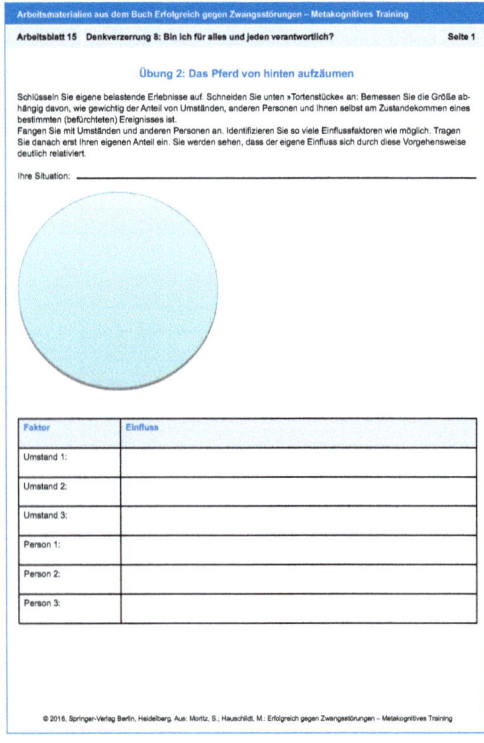

Arbeitsblatt 16: Denkverzerrung 9: Ist gut nicht gut genug?

Arbeitsblatt 16 Denkverzerrung 9: Ist gut nicht gut genug? Seite 1

Übung 1: Auf scheinbar perfekte Personen achten

Nennen Sie eine wirklich perfekte Person. Jeder hat Ecken, Kanten und auch Fehler.

Glauben Sie, dass die Welt keine Fehler verzeiht? Schalten Sie den Fernseher ein! Es gibt Fernsehsprecher und Stars, die lispeln, sich oft verhaspeln oder nicht unbedingt dem Schönheitsideal entsprechen, aber dennoch beliebt und »gut im Geschäft« sind.

Person	Ecken, Kanten, Fehler, »Macken«, »Makel« …?
Stefan Raab	Beispiel: verhaspelt sich häufig, …
Eigenes Beispiel:	
Eigenes Beispiel:	
Eigenes Beispiel:	
Eigenes Beispiel:	
Eigenes Beispiel:	

Arbeitsblatt 17: Denkverzerrung 9: Ist gut nicht gut genug?

Übung 2: Machen Sie bewusst Fehler

Welche konkreten Befürchtungen bestehen? Haben Sie z. B. Angst, ausgelacht zu werden? Tragen Sie eigene Beispiele in die Tabelle ein.

Fehler	Befürchtete Konsequenz?	Tatsächliche Konsequenz?
Schlips falsch gebunden	Jeder bemerkt den Fehler. Sie werden schallend ausgelacht, der Chef rüffelt Sie (»Sie sind doch kein Kind mehr!«).	Keiner der männlichen Kollegen nahm Notiz, eine ältere Kollegin lächelte nachsichtig und machte sie auf den Fehler aufmerksam mit den Worten: »Sie erinnern mich manchmal an meinen Mann...«
Bei einer Erzählung ein paar Fakten durcheinandergebracht	Die halten mich jetzt alle für einen Lügner und wenig vertrauenswürdig.	War außer mir selbst niemandem aufgefallen.
Eigenes Beispiel:		
Eigenes Beispiel:		
Eigenes Beispiel:		

Arbeitsblatt 18: Denkverzerrung 10: Muss ich alles ganz genau wissen?

Übung 1: Ist absolute Wahrheit erreichbar – und überhaupt erstrebenswert?

Machen Sie eine Liste von bis zu fünf Ereignissen, bei denen es schade wäre, wenn Sie schon vorher wüssten, was passieren wird (Beispiel: Überraschungsparty).

Ereignis 1	
Ereignis 2	
Ereignis 3	
Ereignis 4	
Ereignis 5	

Schreiben Sie jeweils bis zu drei Dinge auf, bei denen es keine Wahrheit gibt, weil sie geschmacksabhängig, definitionsabhängig, veränderlich, kulturabhängig, ... sind.

	1.	2.	3.
Geschmacksabhängig			
Definitionsabhängig			
Veränderlich			
Kulturabhängig			
...			

Arbeitsblatt 19: Denkverzerrung 11: Hilft Grübeln, Probleme zu lösen?

Übung 1: Stopp-Signale setzen

Eine Methode, das Grübeln zu unterbrechen, besteht darin, laut oder leise »Stopp« zu sagen. Wenn Grübelgedanken auftreten, sagen Sie »Stopp« oder ein anderes Wort. Unterstützen Sie dies mit einem Vorstellungsbild und einer Körperreaktion. Tun Sie dann möglichst etwas anderes (Alternativverhalten). Viele Wege führen nach Rom. Experimentieren Sie ein wenig mit den Methoden herum, um herauszufinden, was Ihnen am besten hilft.

Stopp-Signale setzen:

Wie?	Persönliche Umsetzung	Angewendet? Mit welchem Erfolg?
1. Grübeln mit Ausruf unterbrechen (z. B. »Stopp« sagen)	Mein Stoppwort:	
2. Unterstützendes inneres Bild (z. B. Stoppzeichen vorstellen)	Mein Bild:	
3. Unterstützende Körperreaktion (z. B. Faust ballen)	Meine Körperreaktion:	
4. Alternativverhalten (z. B. Bewegungsübung)	Mein Alternativverhalten:	

Denkakt verändern:

Wie?	Angewendet? Mit welchem Erfolg?
Knall vorstellen	
Kernwörter verlangsamen	
Gedankliches Springen	
»Unsinnfragen«	

Arbeitsblatt 20: Denkverzerrung 12: Ist Zwang eine Hirnstörung – kann man da nichts machen?

Infoblatt: Zwang und Gehirn

Wissenschaftliche Befunde zu Hirnstörungen bei Zwang entlasten einige Betroffene (»it's not me – it's my OCD«, zu Deutsch etwa: »Das bin nicht ich, sondern mein Zwang«), andere wiederum lassen sie resignieren, da der Irrglaube besteht, bei Zwang läge ein irreparabler Defekt vor.
Diese Annahme beruht auf einer falschen Vorstellung über die Funktionsweise unseres Gehirns. Hier noch einmal eine Zusammenfassung der wichtigsten Fakten:

Das Gehirn ist das Protokoll seiner Benutzung:
- Sind wir traurig oder fröhlich, führt dies automatisch zu Veränderungen der aktuellen Hirndurchblutung. Langzeitliche Einflüsse führen dabei zu stärkeren Veränderungen. Oft sind solche Prozesse veränder- und umkehrbar.
- Die Hirnveränderungen, die bei Zwang gefunden wurden, sind eher geringfügig und sprechen nicht eindeutig für unumkehrbare Defekte.
- Ob die gefundenen Veränderungen durch die Symptomatik hervorgerufen wurden (also Folge und nicht Ursache sind) oder schon vorher bestanden, ist unklar!
- Unser Denken verändert das Gehirn. Das ist vielfach demonstriert worden, z. B. führt eine Psychotherapie bei Zwang zu ähnlichen Veränderungen im Gehirn wie die Einnahme von Medikamenten!

Genetik:
- Das Erbgut hat zwar einen Einfluss auf unsere Persönlichkeit, besiegelt damit aber kein Schicksal, sondern bahnt allenfalls Möglichkeiten, die über vielfältige äußere Einflüsse, Erfahrungen und Weichenstellungen im Leben in die eine oder andere Richtung gewendet werden oder stumm bleiben.

Neuropsychologie:
- Ob Menschen mit Zwängen neben der hier behandelten kognitiven Verzerrungen auch sogenannte neuropsychologische Beeinträchtigungen (Probleme der höheren geistigen Funktionen, z. B. Aufmerksamkeitsdefizite und Vergesslichkeit) aufweisen, ist umstritten.
- Studien, die Beeinträchtigungen bei Menschen mit Zwang gegenüber Kontrollgruppen zeigen, weisen oft methodische Probleme auf. Außerdem lassen sich Gruppenunterschiede nicht auf den Einzelfall verallgemeinern!
- Auch Kollegen, die annehmen, dass Menschen mit Zwängen gewisse neuropsychologische Auffälligkeiten zeigen, werden uns zustimmen, dass es sich allenfalls um kleinere Abweichungen handelt, die zudem nur eine Untergruppe betrifft.

Arbeitsblatt 21: Denkverzerrung 13: Ich kann und bin nichts?

Übung 1: Übertriebene Verallgemeinerungen reduzieren

Menschen mit Depression neigen zu übertriebenen Verallgemeinerungen (z. B. einmal Pech = immer Pech). Versuchen Sie anstelle von Schwarz-Weiß-Malerei, hilfreichere und ausgewogenere Erklärungen für Missgeschicke und andere negative Begebenheiten zu finden. Dabei sollten Sie möglichst konkret sein: Vermeiden Sie Pauschalisierungen wie »immer« oder »nie« ebenso wie ungenaue und kränkende Begriffe, z. B. »doof« oder »Trottel«.

Tragen Sie eigene Vorkommnisse in die folgende Tabelle ein und gehen Sie wie in dem Beispiel vor.

Ereignis	Übertriebene Verallgemeinerung	Angemessenere Bewertung
Sie kriegen den Knopf einer Hose nicht mehr zu.	»Ich bin dick und hässlich.«	»Entweder ich habe zugenommen, oder die Hose ist in der Wäsche eingelaufen. Selbst wenn ich zugenommen haben sollte, bin ich aber noch lange nicht hässlich.«
Eigenes Beispiel		
Eigenes Beispiel		
Eigenes Beispiel		

Arbeitsblatt 22: Denkverzerrung 13: Ich kann und bin nichts?

Übung 2: Vergegenwärtigen von Stärken

Vorgehen	Beispiele	Meine Stärken
1. Machen Sie sich Ihre Stärken bewusst Was gelingt mir gut? Wofür habe ich schon häufiger Komplimente bekommen?	– Ich bin handwerklich begabt. – Ich habe ein ansteckendes Lachen. – Ich bin ein guter Zuhörer.	
2. Konkrete Situationen vorstellen Wann und wo kam das vor? Was hab ich da gemacht? Wer hat mir das zurückgemeldet?	– Letzte Woche habe ich meiner Freundin beim Streichen ihrer neuen Wohnung geholfen. Sie hat gesagt, ohne mich hätte sie das nie geschafft. – Mein Kollege hat mir gestern gesagt, dass er – auch wenn er noch so schlecht drauf ist – von meinem Lachen immer angesteckt wird.	

Arbeitsblatt 23: Denkverzerrung 13: Ich kann und bin nichts?

Übung 4: Umgang mit Lob und Kritik

Vielen Menschen ist bereits in der Kindheit eingeimpft worden, Kritik höher zu bewerten als Lob. Auch dies kann zu einer depressiven Denkfalle werden. Finden Sie hilfreichere Bewertungen für negative und positive Vorkommnisse ähnlich den unten stehenden Beispielen!

Tragen Sie die jeweilige Situation am besten paarweise ein, einmal mit gutem und einmal mit schlechtem Ausgang.

Ereignis	Depressive Bewertung	Angemessenere Bewertung
Sie bestehen eine Prüfung.	»Die Fragen waren auch extrem leicht, wusste doch jeder.«	»Toll. Ich bin echt stolz und mache mir heute mal eine kleine Freude.«
Sie fallen durch eine Prüfung.	»Was für eine Blamage. Mann, bin ich doof.«	»Das ist schon ärgerlich, aber ich kann wiederholen. Ich frage mal diejenigen, die die Prüfung bereits bestanden haben, und hole mir Tipps zur Vorbereitung.«
»Eigenes Beispiel (Erfolg)«		
»Eigenes Beispiel (Misserfolg)«		
»Eigenes Beispiel (Erfolg)«		
»Eigenes Beispiel (Misserfolg)«		

Arbeitsblatt 24: Denkverzerrung 13: Ich kann und bin nichts?

Übung 6: Dankbar sein

Für die folgende Übung überlegen Sie bitte, wofür Sie dankbar sind. Auch wenn es Ihnen gerade nicht gut gehen sollte, wird es etwas geben, wofür Sie in Ihrem Leben dankbar sind, was aber überlagert wird durch den ständigen Kampf gegen die Symptome.

Wofür bin ich dankbar?
- Beispiel: Ich bin dankbar, dass ich direkt neben der Haustür einen Park habe, um frische Luft schnappen und mir die Beine vertreten zu können.
- Beispiel: Obwohl mein bester Freund und ich uns öfter streiten und das oft anstrengend ist, verbringen wir meistens eine tolle Zeit zusammen, in der ich richtig abschalten kann.

_____
_____
_____
_____
_____
_____
_____
_____
_____
_____
_____
_____
_____
_____
_____
_____

Anhang

Arbeitsblatt 25: Denkverzerrung 13: Ich kann und bin nichts?

Arbeitsmaterialien aus dem Buch Erfolgreich gegen Zwangsstörungen – Metakognitives Training

Arbeitsblatt 25   Denkverzerrung 13: Ich kann und bin nichts?   Seite 1

Infoblatt: Weitere Übungen zur Steigerung der Stimmung und des Selbstwertgefühls

- Schreiben Sie jeden Abend stichwortartig ein paar Dinge auf (bis zu fünf), die gut gelaufen sind. Gehen Sie diese im Geist durch. Viele seriöse wissenschaftliche Studien haben gezeigt, dass Dinge, die wir vor dem Schlafengehen lernen oder über die wir auch nur nachdenken, leichter verinnerlicht werden.

- Sagen Sie sich täglich vor dem Spiegel: »Ich mag mich« oder auch »Ich mag Dich«. Am Anfang kommt man sich eventuell ein bisschen komisch dabei vor – versuchen Sie es trotzdem!

- Nehmen Sie Komplimente an und schreiben Sie diese möglichst auf! Erinnern Sie sich an Situationen, in denen es Ihnen richtig gut ging – möglichst mit allen Sinnen (Sehen, Fühlen, Riechen...). Nehmen Sie z. B. Fotoalben zur Hilfe.

- Machen Sie Dinge, die Ihnen gut tun – möglichst gemeinsam mit anderen (z. B. ins Kino oder Café gehen; einen alten Film gemeinsam anschauen). Aktivität verbessert nachweislich die Stimmung.

- Betätigen Sie sich täglich mindestens 20 Minuten körperlich, ohne sich dabei zu quälen. Empfehlenswert ist Ausdauertraining, z. B. stramme Spaziergänge, Joggen oder Fahrradfahren.

- Hören Sie Musik, die Sie in gute Laune versetzt – egal ob das Hardrock, Schlager oder Volksmusik ist.

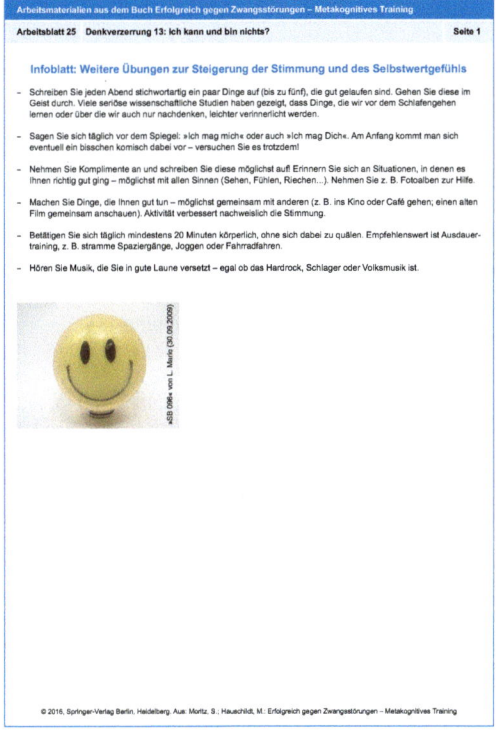

Arbeitsblatt 26: Denkverzerrung 14: Werde ich nie mehr gesund und am Ende sogar verrückt?

Arbeitsmaterialien aus dem Buch Erfolgreich gegen Zwangsstörungen – Metakognitives Training

Arbeitsblatt 26   Denkverzerrung 14: Werde ich nie mehr gesund und am Ende sogar verrückt?   Seite 1

Infoblatt: Zwang ≠ Psychose

Ist Zwang so wie Psychose? Nein! Die wichtigsten Unterschiede zwischen Zwang und Schizophrenie/Psychose/Wahn sind in der Tabelle zusammengetragen:

Aspekt	Zwang	Schizophrenie/Psychose/Wahn
Überzeugungsgrad	Starker Zweifel; Krankheitseinsicht zumindest teilweise vorhanden	Absolute Gewissheit, die Denken und Handeln antreibt; unzureichende Krankheitseinsicht
Inhalt	Besorgnis bezieht sich meist darauf, anderen oder einem selbst könnte etwas Schlimmes durch Zufall, Unachtsamkeit oder einen unkontrollierten Impuls widerfahren (z. B. durch angelassenen Herd einen Wohnungsbrand verursachen); Sorgen drehen sich oft um Tabuthemen wie Schmutz, Sexualität, Aggression.	Überzeugung, einem selbst könnte durch gezielte Machenschaften anderer Personen etwas Schlimmes widerfahren; Themen drehen sich oft um Verfolgung und Spionage.
Verlauf	Unbehandelt häufig chronisch	Schubförmig, oft mit zwischenzeitlich symptomfreien Episoden
Ich-Grenzen	Gedanken-Handlungs-Verschmelzung (▶ Denkverzerrung 2): Der Betroffene ist sich unsicher und grübelt, ob eigene Gedanken bestimmte Handlungen und Ereignisse beeinflussen können (Richtung der befürchteten mentalen Beeinflussung: von innen nach außen). Entsprechende Befürchtungen kommen auch bei Menschen ohne psychische Erkrankungen gelegentlich vor (▶ Denkverzerrung 1).	Ich-Störungen: Der Betroffene ist sicher, dass andere ihm Gedanken oder Handlungen eingeben, um ihm zu schaden (Richtung der befürchteten mentalen Beeinflussung: von außen nach innen).
Medikamentöse Behandlung	Vor allem Antidepressiva	Neuroleptika/Antipsychotika

Stichwortverzeichnis

A

Aberglaube 23
Aggression 11, 25, 36, 37, 44, 158
Aggressionsbewältigung 38
Akzeptanz 33, 36, 38
Akzeptanz- und Commitment-Therapie (ACT) 57, 163
Angst 9, 10, 65, 69, 71, 73, 74, 87, 93, 131, 152
Angstleiter 69, 74
Angststörung 115, 138
Assoziationsspaltung 99, 101, 102
Aufmerksamkeitsdefizite 136
Aufmerksamkeitsspaltung 67
Austausch 32

B

Besorgnis 87
Bewältigungsstil 7
Bewusstseinsinhalte 100

D

Dankbarkeit 151
Depression 138, 141
Deutsche Gesellschaft Zwangserkrankungen (DGZ) 13, 165
doppelte Standards 108
Drogenkonsum 135

E

Ekel 87
Emotion 85, 90, 152
Enttäuschung 34, 36
Exposition 11, 74

F

Fächereffekt 101, 103
falsche Wahrscheinlichkeitsberechnung 64
Fehleinschätzung 63, 64
Fehlinformation 63
Fehlzuschreibung 88
Flooding 69
Freude 148, 152

G

Gedächtnis 100, 136
Gedanken-Handlungs-Verschmelzung 45, 49, 158
Gedankenkonfrontation 71
Gedankenkontrolle 77, 82
Gedankenspiele 58
Gedankenunterdrückung 7, 11, 80, 82, 130
gedankliches Springen 130
Geduld 71
Gefahr 9, 64, 85
Gefahrensignal 64, 67
Gegen- und Zusatzregeln 125
Genetik 136
gesellschaftliches Tabu 31
Grenzen setzen 32
Grübeln 108, 129, 130, 137, 144, 148

H

Habituation 69
Halluzination 157
Hirnstörung 135
Horten und Sammeln 9, 11, 27, 125

I

innerer Dialog 59
innere Reise 94
innerer Kritiker 55, 56
Internalisierung 54

K

Katastrophisieren 61
Kognitionen 100
kognitive Verhaltenstherapie 69
kognitive Verzerrung 15
Kommunikation 124
Konfrontation 69, 71, 125
Konfrontationstherapie 11, 37, 69, 71
Konfrontationsübung 69, 71, 74
Kontrolle 27, 31, 71
Kontrollzwang 7, 72
körperlicher Ausgleich 39
Körpersignale 152

Kreativität 58, 138
Kritik 38, 150

L

Lärm 91
Lob 150

M

magisches Denken 23, 46
massierte Konfrontation 69
Messie 125
Metakognition 15, 58
metakognitives Training 4, 6
metakognitive Überzeugung 15
Metapher 57
Milde 35
Misserfolg 108
Moral 11, 25, 31
moralisches Vorbild 32

N

negative Gedanken 54
neuropsychologische Störung 136
Normalität 23

O

Ordnung und Symmetrie 11

P

paradoxe Intervention 93
paranoid-halluzinatorische Schizophrenie 157
Pauschalisierung 145
Perfektion 27, 115
Perfektionismus 113
positive Assoziationen 99
positive Gedanken 152
Psychose 155, 157, 158, 159

R

Realitätsverlust 157
Religion 31
Rückschaufehler 5

S

Scham 31, 87
Scheinlogik 144
Schizophrenie 158, 159
Schlafmangel 91
Schuld 36
Schuldgefühl 87
Schwarz-Weiß-Malerei 145
Selbstentwertung 54
selbstkritische Betrachtung 54
Selbstwertgefühl 38, 143, 148, 152
Selbstzweifel 141
sensorisches Zirkeltraining 148
Sexualität 11, 25
Sicherheitsverhalten 10, 11
Sinnestäuschung 157
soziale Bewertung 90
soziale Isolation 143
Spannung 131
Stärken 147
Stimmenhören 157
Stopp-Signal 130
Stress 91
Substanzmittelabhängigkeit 138

T

Teufelskreis 36
Tod 37
Trainingseinheiten 5
Trauer 152

U

übermäßige Verantwortung 11, 37, 107
Übertreibung 64, 93
übertriebene Fürsorge 107
übertriebene Verallgemeinerung 144, 145
Ungewissheit 123
Unmoral 32
unrealistischer Pessimismus 64
Unsicherheit 87
Unwohlsein 87

V

Vergesslichkeit 136
Vermeidung 7, 9, 11

Verrücktsein 157
Verschmutzung und Verkeimung 11, 23

W

Wahn 157, 158
Wahnidee 8, 157
Wahrheit 121
Wahrnehmungsverzerrung 64
Waschzwang 7, 72
Wertschätzung 38

Z

Zwang 7, 158
zwanghafte Persönlichkeitsstörung 12
Zwangsgedanke 8
Zwangshandlung 9
Zwangsimpuls 131
Zwangsritual 9
Zwangsstörung 8, 12, 138, 159
zwischenmenschliche Beziehung 32

If you have any concerns about our products,
you can contact us on
ProductSafety@springernature.com

In case Publisher is established outside the EU,
the EU authorized representative is:
**Springer Nature Customer Service Center GmbH
Europaplatz 3, 69115 Heidelberg, Germany**

Printed by Libri Plureos GmbH
in Hamburg, Germany